Ursula Rücker-Vogler
Bewegen und Entspannen

Ursula Rücker-Vogler

Bewegen und Entspannen

Spiele und Übungen für Kinder

Mit Illustrationen von Doris Rübel
und Fotos von Monika Gräwe

Ravensburger Buchverlag

Inhalt

Einleitung

Meine beiden eigenen Kinder und die Kinder in meinen Kursen haben mich gelehrt, daß sie über eine grundlegende Lebensweisheit verfügen. Ein Kind bringt ganz bestimmte Stärken mit. Die Bandbreite des kindlichen Potentials ist sehr groß. Jedes Kind verfügt im Grunde über tausend Türen, die es zu entdecken und zu öffnen gilt, um seine verborgenen Fähigkeiten ans Licht zu bringen. Leider behandeln wir unsere Kinder allzu oft wie leere Gefäße, in die wir unser Wissen und unsere Ansichten hineinstopfen, und versuchen, diese kleinen Persönlichkeiten so zu formen, daß sie sich – möglichst reibungslos – in die Erwachsenenwelt einfügen. Dabei wird so manches „Türchen" übersehen und so manches verborgene Talent nicht entwickelt.

Dieses Buch handelt davon, wie man dem kindlichen Bedürfnis nach der freien Entfaltung seiner Persönlichkeit entsprechen, wie man seinen Hunger nach Wachstum und Lernen, nach Lebenserfahrung und Selbsterfahrung, nach der Entwicklung zu einer „runden", ausgewogenen Persönlichkeit stillen kann. Und so stehen alle Übungen in diesem Buch unter dem Motto: „Entdecke dich selbst! Entdecke deine Stärken, deine Vorlieben, deine ganz eigene bunte Innenwelt – und entfalte sie!" Dies geschieht nicht durch stereotypes Einüben und Erlernen bestimmter Bewegungs- und Entspannungsübungen. Es geht hier nicht um Leistung. Sondern es geht darum, daß das Kind ausprobiert und experimentiert und konkrete, selbstgefühlte Erfahrungen macht. Darüber hinaus stärken diese Übungen seine körperliche, geistige und emotionale Entwicklung.

Kinder brauchen Ruhe und Bewegung

Alle lebendigen Wesen, Pflanzen, Tiere und Menschen, unterliegen Zyklen von Aktivität und Ruhe, von Wachen und Schlafen. Im menschlichen Organismus herrscht eine elementare rhythmische Ordnung: So atmen wir beispielsweise rhythmisch ein und aus, in unserem Körper werden ständig neue Zellen gebildet, gleichzeitig sterben alte ab, und auch unser Herz schlägt rhythmisch im Takt. Wenn wir innerlich im Gleichgewicht sind, wenn wir also in Harmonie sind zwischen Wachen und Schlafen, Wünschen und Haben, den Ansprüchen der Umwelt an uns und den eigenen Bedürfnissen, fühlen wir uns ruhig und kraftvoll. Die Gedanken sind klar und voller Lebensfreude, der Körper ist voller Energie und gesund. Wenn wir innerlich nicht im Gleichgewicht sind, wenn wir nicht abschalten können und wenn die äußeren Kräfte, die äußeren Reize und Impulse uns zu überrennen drohen oder wenn wir uns voller Sorgen abends im Bett unruhig hin und herwälzen, unfähig die negativen Gedanken abzuschalten, dann fühlen wir uns den Wechselfällen des Lebens nicht mehr gewachsen. Wir werden nervös, angespannt und vielleicht sogar krank. Tatsächlich leiden nicht nur Erwachsene, sondern bereits schon Kinder an nervösen Störungen, da die Umwelt ihnen nur unzureichende Möglichkeiten bietet, um all die Eindrücke und Erfahrungen zu verarbeiten. Dabei ist es gar nicht so schwierig, das innere Gleichgewicht bewußt wiederzufinden und zu stabilisieren. Für Erwachsene gibt es bereits ein vielfältiges Angebot zur Bewältigung von Anspannung und Streß. Aber auch für Kinder im Kindergarten-,

Vorschul- und Schulalter gibt es sinnvolle Übungen und Methoden, die ihnen helfen, Anspannungen und Nervosität durch Ruhe und Ausgeglichenheit zu ersetzen, die eigene innere Mitte zu finden, sich zu sammeln und aus sich selbst heraus Kraft schöpfen zu können.

Wirkungen der Bewegungs- erziehung und Ruheerfahrung auf die Kinder

Die in diesem Buch empfohlenen *spielerischen konzentrativen Bewegungsübungen* kräftigen den Körper in jeder Hinsicht. Die Abwehrkräfte werden mobilisiert, und Krankheiten werden leichter überwunden. Muskelverspannungen werden gelöst, wodurch der gesamte Muskeltonus und die umliegenden Körperzonen und Organe verstärkt durchblutet und ernährt werden. Gleichzeitig werden die Muskeln trainiert, die Körperhaltung wird insgesamt verbessert, die Feinabstimmung und die Koordination der einzelnen Bewegungen und Bewegungsabläufe werden gefördert. Das Kind entwickelt ein gutes, sicheres, reales Körpergefühl. Diese frühe sichere Körperwahrnehmung und Körperbeherrschung schafft Selbstsicherheit und Selbstvertrauen. Der Gleichgewichtssinn wird stabilisiert. Die Sinne und sein Wahrnehmungsvermögen für die Feinheiten in der Umgebung werden geschärft. Ein Kind muß sich frei bewegen können, denn nur so lernt es seine Umgebung und sich selbst in der Welt überhaupt erst richtig kennen. In der Bewegung erweitert es seinen Aktionsradius und Erfahrungshorizont, fühlt, was innerhalb und außerhalb von ihm geschieht, und gleichzeitig kann es üben, seine Gefühle und Empfindungen lebendig und

angemessen zum Ausdruck zu bringen. Die Freude an spontanen Bewegungen, die natürliche Lust am Lernen sind eine wesentliche Voraussetzung für eine gesunde körperliche, emotionale und geistige Entwicklung.

Einfache und konzentrative Atemübungen fördern im Kind einen ruhigen und tiefen Atemrhythmus, der sich auch durch Aufregung und Streß nicht so leicht aus seinem Rhythmus bringen läßt.

Ruhe- und Stilleübungen nach einer Bewegungsübung als „Nachspüren", als „Entspannungsübung" und „Meditation" erlauben dem Kind ein „In sich Hineinlauschen und Hineinfühlen". Es nimmt sich und die Signale des Körpers, seine Gefühle und Gedanken bewußter wahr und lernt sich auf diese Weise immer besser kennen. Zugleich übt es den Wechsel zwischen „Außen" und „Innen", da es seine Aufmerksamkeit von der Buntheit und Lautheit der Umwelt abzieht und nach innen auf seine eigene innere reiche Bilderwelt lenkt. Seine „Umschaltfähigkeit" zwischen Wachen und Schlafen, Bewegung und Ruhe wird trainiert. Es lernt den Anforderungen von außen eigene innere Kräfte entgegenzusetzen. Das Nervensystem wird regeneriert und stabilisiert, was eine wohltuende Wirkung auf das innere Gleichgewicht hat.

Innere Achtsamkeit und Konzentration erlaubt dem Kind eine vertiefte Schau und Erkenntnis seiner selbst und der Umwelt. Es bleibt mit seiner Wahrnehmung nicht an der Oberfläche kleben. Es lernt nach und nach sich selbst immer besser kennen und entwickelt auch ein gutes Gespür für die Menschen und Wesen in seiner Umgebung.

Wiederholung der einzelnen Spiele und Übungen schenkt dem Kind Erfolgserlebnisse und zunehmendes Selbstvertrauen, da es sich an bestimmte Übungen erinnert und zugleich eigene Fortschritte beobachtet.

Längeres Verweilen in den einzelnen Körperhaltungen erlaubt eine feinere Wahrnehmung der körperlichen, emotionalen und geistigen Vorgänge im eigenen Innern. Das Kind erkennt seine ganz individuellen Fähigkeiten und Leistungsgrenzen, lernt diese zu akzeptieren, also gut und achtsam mit sich umzugehen und so Überanstrengung oder Überdehnung zu vermeiden. Darüber hinaus wird der Wille und das Durchhaltevermögen gestärkt.

Rhythmische Ausführung der empfohlenen Körperübungen stärkt das innere Gleichgewicht. Einer Seitbeuge nach rechts folgt eine Seitbeuge nach links, oder einer Vorbeuge folgt eine Rückbeuge. Nach der aktiven Übung wird nachgespürt, und am Ende einer jeden Übungssequenz folgt eine Schlußentspannung.

Unsere Kinder brauchen den rhythmischen Wechsel von Ruhe und Bewegung als Möglichkeit, sich und die Welt zu entdecken. Bewegung erschließt ihnen die äußere Welt, macht sie ihnen zugänglich, begreif- und erfahrbar. Ruhe und Konzentration erschließen ihnen die Welt im eigenen Innern. Innen und Außen werden harmonisch miteinander vereint. So entsteht Zufriedenheit – Frieden.

Lassen wir üben oder üben wir gemeinsam?

Die Vorbildfunktion, die der Erwachsene gegenüber den ihm anvertrauten Kindern und Jugendlichen hat, fordert, daß er selbst eine lebensbejahende, seine körperlich-geistig-seelische Gesundheit fördernde Grundhaltung entwickelt und lebt. Lassen wir üben, oder üben wir gemeinsam? Im gemeinsamen Ausprobieren und Üben kommen sich Mutter/Vater und Kind oder der Gruppenleiter und die Kindergruppe nicht nur näher. Das Kind erlebt den Erwachsenen auch als vertrauenswürdiges und nützliches Vorbild, als einen Freund, der auch noch an sich arbeitet und lernt. Es kommt nicht darauf an, daß der Erwachsene die Übungen besonders „perfekt" vormacht. Die Freude und Lust an der gemeinsamen Entdeckungsreise und daran, sich und andere einmal auf ganz neue Art und Weise zu erleben und kennenzulernen, sind das Wichtigste.

Sorgen Sie für eine angenehme und ruhige Umgebung und Atmosphäre, in der Sie mit Ihrem Kind oder Ihrer Kindergruppe ungestört üben können. Schaffen Sie damit eine ganz eigene persönliche Welt, die die Buntheit und Lautheit der Außenwelt mit all ihren Anforderungen, die sie an uns stellt, verarbeiten und bewältigen hilft.

Was Erwachsene tun können:

– Vorbild ist alles. Mitmachen statt „machen lassen".

– Bestimmte Vorgänge im Körper ausdrücklich ansprechen: z. B. darauf hinweisen, daß nach einer anstrengenden Übung sich Atmung und Herzschlag beschleunigen. Auf diese Weise lernen die Kinder auf die Signale des Körpers zu hören, sie wichtig zu nehmen und richtig zu interpretieren. Dies fördert eine reale Selbsteinschätzung und stärkt das Selbstbewußtsein.

– Die Ruheerfahrung zwischen den einzelnen Übungen wirklich wichtig nehmen. Die Kinder zum Nachspüren ermuntern.

– Die Freude an den Übungen steht an erster Stelle. Kein Leistungsdruck!

– Nach dem Prinzip „weniger ist mehr" arbeiten.
– Ermöglichen Sie dem Kind eine ruhige Umgebung zum ungestörten Üben.

Zusammenfassung

– Allgemeine Kräftigung und Steigerung der körpereigenen Abwehrkräfte.
– Feinkoordination von Muskeln und Bewegungen.
– Die Kinder erfahren, daß sie ihren Bewegungsdrang durchaus auch auf kleinstem Raum (Yogamatte, Decke) ausagieren können. Dieser Aspekt ist für die Stadtkinder besonders wichtig.
– Allgemeine Entspannung und Regeneration des Nervensystems.
– Spielerische Atemerziehung.
– Stärkung des Konzentrationsvermögens.
– Förderung der schöpferischen Kreativität und Phantasie.
– Die Wahrnehmung der Vorgänge im eigenen Inneren und in der Umgebung wird gefördert.
– Selbsterfahrung: Was geschieht in meinem Körper? In der Ruhe? In der Bewegung? Wenn ich Angst, Ärger, Freude, Liebe, Ungeduld, Unsicherheit, Vertrauen usw. fühle?
– Nützliche Strategien zur Lösung von Problemen werden erkannt und entwickelt: z. B. kann ein ruhiger, vertiefter Atem („Bauch- oder Kuscheltieratmung") zum Einschlafen, gegen die Angst vor einer ärztlichen Untersuchung oder vor einer Prüfung bewußt eingesetzt werden; Anspannung und Ärger werden gezielt mit der „Ha-Atmung" abgebaut.
– Entwicklung des Einfühlungsvermögens in andere Menschen und Lebewesen.
– Förderung sozialen Verhaltens: z. B. durch gegenseitiges Stützen und Helfen in einer Partnerübung oder auch durch Einübung gegenseitiger Rücksichtnahme und Akzeptanz: Es gibt etwas, was jedes Kind und jeder Erwachsene ganz besonders gut kann!
– Durch die Wiederholung der einzelnen Übungen entfalten die Kinder einen Sinn für die feinen Nuancen, für die Fülle und den tieferen Reichtum des eigenen Inneren und des Lebens.
– Das Selbstvertrauen und die Freude am Lernen und Leben werden gestärkt.

1. Stark wie ein Baum – geschmeidig wie eine Katze

Übungen zur allgemeinen Verbesserung der Körperhaltung durch Stärkung der Wirbelsäule und Kräftigung der Muskulatur und der Gelenke

Die meisten Erwachsenen glauben, daß Kinder im allgemeinen sehr beweglich und gelenkig sind. Leider trifft dies nicht immer zu. Streß und Aufregung hinterlassen ihre Spuren. Die Zahl der Kinder, auch Kinder im Kindergartenalter, die unter nervösen Störungen leiden, steigt. Verspannte Muskeln sind körperlicher Ausdruck seelischer und geistiger Anspannungen. Ein verspannter Muskel schränkt die Beweglichkeit ein. Die einzelnen Körperzellen und Organe werden nicht mehr richtig mit Sauerstoff und Vitalstoffen versorgt und dadurch in ihrer Funktion geschwächt. Für ein Kind, das sich noch im Aufbau und Wachstum befindet, kann dies chronische Haltungsschäden, eine insgesamt kränkliche Konstitution oder eine durch Bewegungsmangel bedingte Bindegewebsschwäche nach sich ziehen.

Durch gezielte Bewegungsübungen und Dehnhaltungen kann das Kind Muskelverspannungen sanft auflösen, für eine verbesserte Durchblutung des gesamten Organismus sorgen, seine Körperhaltung und Motorik verbessern und insgesamt wieder zu seiner harmonischen, beweglichen und anmutigen Natur zurückfinden.

Viele der vorgestellten Körperhaltungen kommen aus dem Yoga. Sie tragen Tiernamen und Bezeichnungen aus der Natur. Kinder haben viel Freude daran, sich in einen großen, starken Baum, einen wilden Löwen oder in eine geschmeidige Katze zu verwandeln. Diese Rollenidentifikation fördert nicht nur ein verstärktes Einfühlungsvermögen in die Wesen der Natur, es ermöglicht dem Kind auch eine erhöhte Aufmerksamkeit für sich selbst und die Vorgänge in seinem Körper.

Und der Teddy turnt mit

Bewegungsübungen für Kinder ab 2 Jahren

Der Mensch wird gewissermaßen als „Vierbeiner" geboren, und während seines ersten Lebensjahres erobert er sich rutschend, robbend und dann krabbelnd die Welt. Dem folgt das „frei sitzen lernen", dann das „sich aufrichten", „aufrecht stehen" und das „laufen lernen". Was diese Reihenfolge angeht, gibt es allerdings auch Ausnahmen. Jedes Kind bestimmt sein individuelles Lern- und Entwicklungstempo selbst. Eine Umgebung, die dem Tatendrang des Kindes durch Bewegungsraum und anregende Impulse entgegenkommt und die ihm zugleich Sicherheit und Geborgenheit vermittelt, hat einen sehr positiven Einfluß auf die motorische Entwicklung und somit auf die gesamte körperliche, geistige und seelische Entwicklung des Kindes.

Das aufrechte Sitzen, frei und nicht angelehnt, ist eine erste und durchaus recht anstrengende Körperübung für die Wirbelsäule und die Rükken- und Bauchmuskulatur des Kleinkindes. Ihr folgen sehr bald weitere, die des aufrechten Stehens und Laufens. Für das Kind sind dies unaufhörliche akrobatische Gleichgewichtsübungen. Mit zunehmendem Längenwachstum und durch die natürliche Bewegungsentwicklung wird die gesamte Körperhaltung und die Wirbelsäule allmählich ausbalanciert.

Die folgenden Körperübungen kräftigen und trainieren die Muskeln, Bänder und Sehnen, die zur Unterstützung einer gesunden Wirbelsäulenfunktion und zur Entwicklung einer gesunden Körperhaltung notwendig sind.

1. Hund oder Katze? – Wir krabbeln im Vierfüßler

a) Krabbeln auf Händen und Knien:
Das Kind läßt sich auf seine Knie nieder und krabbelt auf allen vieren durch das Zimmer. Damit es sich mehr auf sich konzentriert, können Sie es dazu ermuntern, wie eine Katze zu miauen oder wie ein Hund zu bellen.

b) Krabbeln auf Händen und Füßen:
Es hat nur mit den Füßen Bodenkontakt. Die Knie können dabei zuerst leicht angewinkelt, dann durchgestreckt werden. Der Po ist dabei hoch in der Luft.

Machen Sie Ihr Kind auf diesen Unterschied aufmerksam:

– *„Guck mal, dein (unser) Po ist jetzt viel höher."*
Wenn Sie die Aufmerksamkeit Ihres Kindes auf solche „Kleinigkeiten" oder „Selbstverständlichkeiten" lenken, dann fördern Sie seine Fähigkeit der Selbstwahrnehmung und realen Selbsteinschätzung.

Hund…

...oder Katze?

ganz groß...

2. Riesengroß und klitzeklein

a) Groß wie ein Riese:

Das Kind streckt die Arme hoch in die Luft und macht sich so groß wie ein Riese. Mit großen Schritten geht es durch den Raum.

Machen Sie Ihr Kind darauf aufmerksam, daß ein Riese auch ganz schwer ist und gewichtig durch den Raum stapft.

b) Klein wie ein Zwerg:

Das Kind geht in die Hocke und macht sich ganz klein.

Was gefällt Ihrem Kind besser – wenn es „so groß wie ein Riese" oder ein „kleiner Zwerg" ist? Ermuntern Sie es, noch einmal in die bevorzugte Haltung zu gehen!

... und ganz klein!

3. Wir recken und beugen uns

Das Kind setzt sich mit gegrätschten Beinen auf den Boden. Motivieren Sie Ihr Kind zu den folgenden Übungen, indem Sie mitmachen und vormachen. Sie können ihm auch einen Luftballon oder den Teddy in die Hände geben:

– „Und jetzt hebe deinen Teddy ganz weit hoch, damit er viel sieht!"
– „Und nun guck mal, ob du dich auch ein wenig zurücklehnen kannst, ohne umzufallen!" – usw.

a) Wir recken uns nach oben:
Das Kind hebt die Arme hoch in die Luft, als wollte es nach etwas greifen. Anschließend die Arme sinken lassen und kurz ausruhen.

b) Wir lehnen uns leicht zurück:
Mit erhobenen Armen lehnt es sich leicht zurück. Achtung – Gleichgewicht! Die Arme sinken lassen und ausruhen.

c) Wir bewegen den Körper nach rechts und links:
Mit erhobenen Armen beugt es sich zuerst leicht nach rechts und dann nach links. Die Arme sinken lassen und kurz ausruhen.

4. Was krabbelt denn da? – Mit den Händen krabbeln

Das Kind setzt sich mit gegrätschten Beinen auf den Boden. Es setzt seine Hände vor sich auf dem Boden auf, und dann krabbelt es mit den Händen so weit wie möglich nach vorn. Sie können es dazu ermuntern, indem Sie sich ihm mit gegrätschten Beinen gegenübersetzen und mit den Händen dem Kind „entgegenkrabbeln".

5. Wettrennen – Auf dem Po marschieren

Setzen Sie sich neben das Kind und marschieren Sie im Sitzen zuerst nach vorn und dann rückwärts zurück.

6. Wie ein kleiner Käfer – Wir strampeln mit den Füßen

Das Kind legt sich auf den Rücken und strampelt mit den Beinen – wie ein kleiner Käfer oder als wolle es Dreirad fahren (mal schneller, mal langsamer).

8. Zwei Baumstämme – Wir rollen von einer Seite zur andern

Legen Sie sich nebeneinander mit lang ausgestreckten Beinen auf den Rücken. Die Arme strecken Sie über den Kopf, und nun rollen Sie über die Seite auf den Bauch und rollen und rollen ...

Alle Übungen im „Vierfüßler" sind für die Entwicklung eines gesunden Rückens von unschätzbarem Wert. Die Übungen im aufrechten Stand und im Sitzen, frei und nicht angelehnt, sind zwar recht anstrengend, aber kräftigend für die Rücken- und Bauchmuskulatur des Kleinkindes, was eine gesunde Körperhaltung fördert. Sämtliche, durch die Körperübungen beanspruchten Muskeln, Bänder und Sehnen des Haltungs- und Bewegungsapparates werden entwickelt und gestärkt.

7. Kannst du in deinen Zeh beißen? – Wir greifen nach den Füßen

Das Kind legt sich auf den Rücken und greift nach den Füßen. Fragen Sie es, ob es mit seinen Zehen bis zum Mund kommt. Freuen Sie sich mit Ihrem Kind, wenn es hierin geschickter und gelenkiger ist als Sie!

Wie ein Baum im Wind

Bewegungsübungen für Kinder von 4 – 6 Jahren

Eine gesunde Wirbelsäule ist im Brust- und Lendenabschnitt gleich flach gekrümmt. Bei einer geraden Wirbelsäule würden sich die Erschütterungen beim Gehen bis zum Kopf und Gehirn fortsetzen. Eine Wirbelsäule mit der natürlichen S-Form kann diese Erschütterungen federnd abfangen und ausgleichen. Die Bandscheiben, die wie Luftkissen zwischen den einzelnen Wirbelkörpern liegen, machen die Wirbelsäule so beweglich. Eine gesunde Bauch- und Rückenmuskulatur, Bänder und Sehnen bilden ein regelrechtes „Korsett", welches die verschiedenen Funktionen der Wirbelsäule unterstützt. Jüngere Kinder (vier- bis fünfjährige) werden die vorgestellten Übungen eher dynamisch ausführen wollen. Dennoch ist es wichtig, sie dazu anzuhalten, etwas länger in den verschiedenen Positionen zu verweilen. Ältere Kinder (sechs- bis siebenjährige) können die einzelnen Positionen schon länger (zwei bis drei ruhige Atemzüge lang) einnehmen. Auch das „Nachspüren" erfolgt bei Kindern diesen Alters sehr lebhaft. Oftmals teilen sie sofort mit, wie es ihnen mit der einen oder anderen Haltung ergeht und welche Gedanken, Erinnerungen und Phantasien sie damit verknüpfen. Es ist wichtig für das Kind, daß wir Erwachsenen seine schöpferische Kreativität respektieren und seinen Berichten aufmerksam zuhören. Ja, wenn das Kind Vorschläge hat, wie „sein" Löwe oder „sein" Baum im Vergleich zu dem vorher geübten Löwen oder Baum aussieht, sollten Sie auf seine Ideen eingehen und die Haltung nach „seinen" Anweisungen ausprobieren.

9. Wie ein Baum im Wind oder Der Halbmond

a) Beuge rechts und links:
Das Kind steht entspannt aufrecht. Die Füße sind geschlossen, die Arme hängen entspannt an den Seiten. Dann nimmt das Kind beide Arme über den Kopf und verhakelt die Daumen. Der Kopf ist zwischen den Oberarmen. Wenn es sich nun leicht nach rechts beugt, erinnert es in seiner Körperhaltung an einen „Halbmond". Manche Kinder lieben auch

die Vorstellung, „sich wie ein Baum (Tannenbaum) im Wind zu wiegen". Nach einigen ruhigen Atemzügen richtet es sich langsam wieder auf, läßt die Arme an die Seiten sinken und spürt mit geschlossenen Augen in seinen Körper hinein.

Es wurde die linke Seite gedehnt und die rechte gepreßt.

– „*Wie fühlen sich die beiden Seiten jetzt an?*"
Anschließend wird die Übung nach der anderen Seite wiederholt.

b) Beuge vor und zurück:

Das Kind nimmt wie oben die Arme über den Kopf. Dann beugt es sich ganz leicht zurück. Der Kopf bleibt zwischen den Oberarmen, der Atem bleibt ruhig und regelmäßig. Nach einigen ruhigen Atemzügen richtet es sich wieder auf und beugt sich dann mit geradem Rücken aus der Leiste heraus nach vorn. Wenn es seine Dehngrenze erreicht hat, umfaßt es mit beiden Händen die Beine hinten und verweilt einige ruhige Atemzüge in der Vorbeuge. Dann richtet es sich wieder auf und spürt nach.

Kinder mit Asthma sollten sich nur leicht nach vorn beugen, der Kopf darf nicht tiefer als das Becken sein!

Es wurden wechselseitig die Körpervorderseite und Rückseite gedehnt und gepreßt.

– „Wie fühlen sich die Körpervorderseite und der Rücken jetzt an?"

gelenk umfassen). Der linke Arm liegt ausgestreckt über dem linken Ohr. Das Kind schaut entweder geradeaus oder hoch. Nach einigen ruhigen Atemzügen richtet es sich langsam wieder auf, läßt die Arme an die Seiten sinken, schließt die Füße und spürt mit geschlossenen Augen in seinen Körper hinein.

Es wurde die linke Seite gedehnt und die rechte gepreßt.

– „Wie fühlen sich die beiden Seiten jetzt an?"
Anschließend wird die Übung nach der anderen Seite wiederholt.

10. Die Dreieckshaltung

Das Kind steht entspannt aufrecht, die Füße sind gegrätscht, die Arme in Schulterhöhe seitlich angehoben. Dann beugt es sich langsam nach rechts und umfaßt mit der rechten Hand das rechte Knie (mit zunehmender Beweglichkeit kann es auch die Wade oder das Fuß-

11. Der Kniekuß

In der Ausgangshaltung sitzt das Kind mit lang
ausgestreckten Beinen auf dem Boden. Die
Beine sind geschlossen. Der Rücken ist entspannt aufrecht. Dann nimmt es beide Arme
über den Kopf, dehnt sich weit nach oben
(Becken aufrichten) und neigt sich anschließend
mit geradem Rücken über seine Beine. Je nach
Beweglichkeit umfaßt es mit beiden Händen
die Füße oder die Fußknöchel oder die Waden.
Es verweilt einige ruhige Atemzüge in dieser
Haltung, dann richtet es sich wieder auf und
spürt im aufrechten Sitz nach.
– *„Wer kann sein Knie küssen?"*
Aber nur Geduld, kein Leistungsdruck! Übung
macht den Meister.

12. Ein bunter Schmetterling

Das Kind setzt sich hin und legt die Fußsohlen
aneinander. Die beiden Knie weisen nach
außen. Mit den Händen umfaßt es die Zehen
und zieht die Füße möglichst nah an das Gesäß
heran. Wenn das Kind mit den Knien leicht auf
und niederwippt, dann fliegt der Schmetterling.
Wenn es die Knie weit nach beiden Seiten sinken läßt, dann breitet der Schmetterling seine
Flügel in der Sonne aus. Und wenn es die Knie
schließt, die Arme darumschlingt und die Stirn
auf die Knie legt, dann schläft der Schmetterling. In dieser Körperhaltung (Rundsitz) nachspüren.
– *„Welche Farbe hat dein Schmetterling?"*
– *„Wie fühlen sich jetzt deine Beine, Beininnen-
     seiten an?"*

13. Wir verwandeln uns in ein Boot

Das Kind sitzt mit lang ausgestreckten Beinen auf dem Boden. Dann hebt es die Beine lang ausgestreckt an. Der Oberkörper neigt sich dabei leicht zurück. Die Arme werden nach vorn in Schulterhöhe ausgestreckt und sind parallel zum Boden. Einige (möglichst) ruhige Atemzüge in dieser Haltung verweilen, dann werden die Beine langsam auf dem Boden abgelegt.

Mit einiger Übung wird aus dem „Boot" ein „Ruderboot", indem die Arme in Schulterhöhe zunächst seitlich angehoben und dann vor dem Körper ausatmend zusammengeführt und einatmend wieder zur Seite geführt werden. Die lang ausgestreckten Beine sind dabei leicht angehoben.

– „Wie fühlt sich der Bauch während der Übung an (hart?), und wie ist er jetzt?"
– „Kann man in dieser Haltung, mit einer harten und angespannten Bauchdecke, gut atmen?"

14. Das Boot bekommt ein Segel – Seitdrehung

Das Kind kann diese Haltung im einfachen Schneidersitz üben, aber auch mit lang ausgestreckten Beinen. Auf jeden Fall haben die Beine Bodenkontakt. Die Arme sind in Schulterhöhe seitlich weit ausgestreckt. Dann wendet es sich langsam nach rechts, sein Blick ruht auf dem rechten Handrücken. Ruhig und regelmäßig atmend verweilt es in dieser Haltung. Dann „dreht sich der Wind", und es wendet sich nun nach links und blickt auf den linken Handrücken. Wenn es die Haltung auflösen will, kommt es zunächst wieder zur Mitte zurück, dann läßt es die Arme sinken und spürt im aufrechten Sitz nach.

– „Wie fühlen sich die Schultern, der obere Rücken und die Arme jetzt an?"

15. Wie ein Tiger vor dem Sprung

Das Kind steht in der Grätsche. Dann beugt es sich langsam nach vorn und setzt die Hände vor sich in Schulterbreite auf dem Boden auf. Wenn es sein Gewicht etwas mehr auf die Hände und Arme verlagert, mindert es die Spannung in den Beininnenseiten. Sobald es die Hände etwas entlastet, werden die Beine wieder stärker beansprucht. Es schaut während der Übung nach vorn. „Der Tiger schaut sein Opfer an!"
Um eine Überlastung oder Überdehnung der Arme und Beine zu vermeiden, verweilt das Kind anfangs nur einige wenige Atemzüge in dieser Haltung. Dann spürt es im Sitzen nach.

– *„Die Hände, Handgelenke, Arme und Schultern wollen sich jetzt entspannen. Wie fühlen sie sich an?"*
– *„Wie fühlen sich die Beine, insbesondere die Beininnenseiten jetzt an?"*

16. Ein gefährlicher Löwe

Die Ausgangshaltung ist der Fersensitz. Ausatmend neigt sich das Kind leicht nach vorn und reißt Mund und Augen ganz weit auf, streckt die Zunge heraus und brüllt „wie ein gefährlicher Löwe". Die Hände liegen mit weit gespreizten Fingern (Krallen) vorn auf den Knien. In einer Variante können die gespreizten Finger auch seitlich vom Mund die „Barthaare" andeuten.

17. Geschmeidig wie eine Katze

Die Ausgangshaltung ist der „Vierfüßler". Die Knie sind etwa in Beckenbreite, die Hände in Schulterbreite auseinander: „Die Katze reckt und streckt sich."

a) Arme strecken:
Sie hebt die rechte Vorderpfote (rechter Arm) an und streckt sie nach vorn – ganz weit und ganz lange. Dann wiederholt sie das mit der linken Vorderpfote.

b) Beine strecken:
Sie hebt das rechte Hinterbein (rechtes Bein) an und streckt es weit nach hinten aus. Ruhig und regelmäßig atmend in dieser Haltung verweilen. Dann die Übung mit dem anderen Bein wiederholen. Im aufrechten Sitz nachspüren.

18. Ein kleiner süßer Seehund oder eine stolze Sphinx?

Das Kind befindet sich in der Bauchlage. Die Hände/Arme liegen an den Seiten, die Füße liegen dicht nebeneinander. Das Kind hebt zunächst den Kopf und schaut nach vorn. Im weiteren Übungsverlauf richtet es zuerst nur mit der Rückenmuskulatur den Oberkörper leicht auf, dann nimmt es die Unterarme zu Hilfe und stützt sich mit ihnen in Schulterbreite auf dem Boden auf. Es entsteht eine leichte Rückbeuge im oberen Rückenbereich. Becken, Beine und Füße liegen weiterhin fest auf dem Boden auf. Das Kind verweilt für einige ruhige Atemzüge in dieser Haltung und kehrt dann wieder in die Bauchlage zurück.

19. Eine kleine Raupe

Die Ausgangshaltung ist die Bauchlage. Die Hände liegen neben den Schultern, der Po wird hoch in die Luft gereckt. Sechs Punkte des Körpers: das Kinn, die Brustmitte, die Knie und die Fußballen berühren den Boden.
Sie verweilen einige ruhige Atemzüge in dieser Haltung, dann legen sie sich wieder auf den Bauch, ruhen sich aus und spüren nach.

20. Kobra

Das Kind befindet sich in der Bauchlage. Die Hände/Arme liegen an den Seiten, die Füße liegen dicht nebeneinander. Das Kind hebt zunächst den Kopf und schaut nach oben. Im weiteren Übungsverlauf richtet es zuerst nur mit der Rückenmuskulatur den Oberkörper leicht auf, dann nimmt es die Hände zu Hilfe und stützt sich mit ihnen in Schulterbreite auf dem Boden auf. Es entsteht eine verstärkte Rückbeuge. Es ist wichtig, daß das Becken nicht in der Luft schwebt, sondern Bodenkontakt behält, ebenso die Beine und die Fußrücken. Je nach Beweglichkeit sind die Ellenbogen in dieser Haltung leicht angewinkelt bis durchgedrückt. Die Schultern werden dabei nicht hochgezogen, sondern bleiben entspannt. Die „Kobra" reckt ihre Nase der Sonne entgegen. Viele Kinder fangen spontan an „wie eine Schlange zu zischen", so gut können sie sich in eine Schlange hineinversetzen! Anderen Kindern, die Angst vor Schlangen haben, hilft die Vorstellung: „Ich bin jetzt ein Regenwurm" oder eine ungefährliche „Blindschleiche"! Sie verweilen einige ruhige Atemzüge in dieser Haltung, dann legen sie sich wieder auf den Bauch, ruhen sich aus und spüren nach.

21. Rückenschaukel

Achtung: Manche Kinder sind noch nicht in der Lage, diese scheinbar so einfachen Übungen alleine auszuführen. Sie brauchen eine stützende Hand unter dem Kopf und an den Knien!

a) Von rechts nach links:

In der Rückenlage die Beine anwinkeln, mit den Händen die Knie umfassen und die Oberschenkel fest an den Bauch ziehen. Der Kopf ruht auf dem Boden. Und nun sanft und rhythmisch von rechts nach links hin und her schaukeln. In der Rückenlage nachspüren.

– *„Wie fühlt sich der Rücken jetzt an?"*

b) Vor und zurück:

In der Rückenlage die Beine anwinkeln, mit den Händen die Knie umfassen und die Oberschenkel fest an den Bauch ziehen. Der Kopf wird angehoben und das Kinn zur Brust gezogen. Und nun mit Schwung vor und zurück schaukeln. In der Rückenlage nachspüren.

– *„Wie fühlt sich der Rücken jetzt an?"*

22. Mein Bein ist so schwer! – Beinhebeübung

In der Rückenlage zuerst das rechte Bein lang ausgestreckt anheben und diese Position einige ruhige Atemzüge lang halten. Dann langsam das Bein wieder auf dem Boden ablegen und die Übung mit dem anderen Bein wiederholen.

23. Kaulquappe

In der Rückenlage die Beine so anwinkeln, daß die Fußsohlen sich berühren und die Knie nach außen weisen. Die Arme werden mit leicht angewinkelten Ellenbogen über den Kopf gestreckt, die Handflächen berühren sich. Und nun bewegt sich das Kind rhythmisch „wie eine Kaulquappe", indem es zugleich Schultern und Becken erst nach rechts und dann nach links usw. bewegt. Die Schultern und Beine haben dabei Bodenkontakt. In der Rückenlage nachspüren.

– *„Wie fühlt sich der Rücken jetzt an?"*

24. Jetzt sehe ich aus wie ein umgekehrter Tisch!

In der Rückenlage werden beide Arme und Beine so in die Luft gestreckt, daß die Handflächen und Fußsohlen zur Decke zeigen. Das Kind erinnert in dieser Haltung an einen umgekehrten Tisch. Es verweilt einige ruhige Atemzüge in dieser Haltung, dann ruht es sich in der Rückenlage aus und spürt in den Körper hinein.

25. Hoch mit dem Po! – Beckenhebeübung

In der Rückenlage werden beide Beine angewinkelt und die Füße vor dem Gesäß auf dem Boden aufgestellt. Und dann werden Po und Bauch angehoben und in die Luft gestreckt. Für einige ruhige Atemzüge wird die Position gehalten.
Diese Übung ist für Asthmatiker nicht geeignet. Anschließend in der Rückenlage ausruhen und nachspüren.
– „Wie fühlt sich der Bauch jetzt an?"

Die hier vorgestellten Körperübungen und Haltungen beschränken sich in ihrem therapeutischen Wirkungsbereich nicht nur auf den Rücken und die Gelenke, die Muskelentwicklung und die Körperhaltung des Kindes. Es wird immer der ganze Körper, der ganze Mensch beansprucht. So wird beispielsweise durch die Vor-, Rück- und Seitbeugen der Bauchraum wechselseitig gepreßt und Innenraum geschaffen. Die Organe und Drüsen im Bauch werden regelrecht massiert, vermehrt durchblutet und in ihrer Funktion gestärkt. Die Lungen werden ebenfalls gekräftigt und die Herz-Kreislauf-Funktion unterstützt. Aber auch die Fähigkeit der Selbstwahrnehmung, der realen Selbsteinschätzung, des achtsamen, liebevollen Umgangs mit sich selbst und die Konzentrationsfähigkeit werden gefördert.

Was ich alles kann

Bewegungsübungen für Kinder von 7–9 Jahren

Für Kinder, die den ganzen Vormittag in der Schule auf ihren Plätzen stillsitzen müssen, ist ein Bewegungsausgleich unbedingt notwendig. Die kurzen Pausen in der Schule und auch der schulische Turnunterricht genügen hierfür allerdings nicht.

Im Grunde genommen können Kinder dieser Altersgruppe alle bisher vorgestellten Übungen (siehe Körperübungen und Haltungen für vier- bis sechsjährige Kinder) ausführen und sie als Vorübung und Basis anspruchsvollerer Haltungen nutzen. Dem Impuls, mehr in sich hineinzuforschen, zu wissen, „wofür das gut ist", sollte unbedingt nachgegeben werden. Gleichzeitig ist es sehr wichtig, einer möglichen „Kopflastigkeit", die unter anderem auch durch den Schulunterricht gefördert wird, durch bewußtes „spüren lassen" entgegenzuwirken.

Kinder im Schulalter wollen alles „ganz genau" wissen. Aus diesem Grund sind die Übungsanweisungen sehr viel anspruchsvoller und bereits mit Atemanweisungen verbunden. Wichtig ist, daß das Kind nie die Luft anhält! Es sollte möglichst ruhig und regelmäßig durch die Nase atmen.

26. Brustexpander

Das Kind steht entspannt aufrecht. Die Füße sind geschlossen bis beckenbreit auseinander, die Arme hängen entspannt an den Seiten. Einatmend nimmt das Kind die Hände vor die Brust, die Handflächen zeigen nach vorn; ausatmend streckt es die Arme nach vorn aus, die Fingerspitzen berühren sich. Einatmend nimmt

es die Hände und Arme über die Seiten nach hinten; ausatmend werden die Finger hinter dem Rücken verschränkt, die Handrücken zeigen nach außen; und einatmend hebt das Kind die Hände und Arme nach oben an.

Ruhig und regelmäßig atmend im Brustexpander verweilen. Zulassen, daß die Schultern zurückgezogen werden, nicht nach vorn beugen. Nach einigen ruhigen Atemzügen (vier- bis sechsmal) langsam ausatmend die Arme sinken

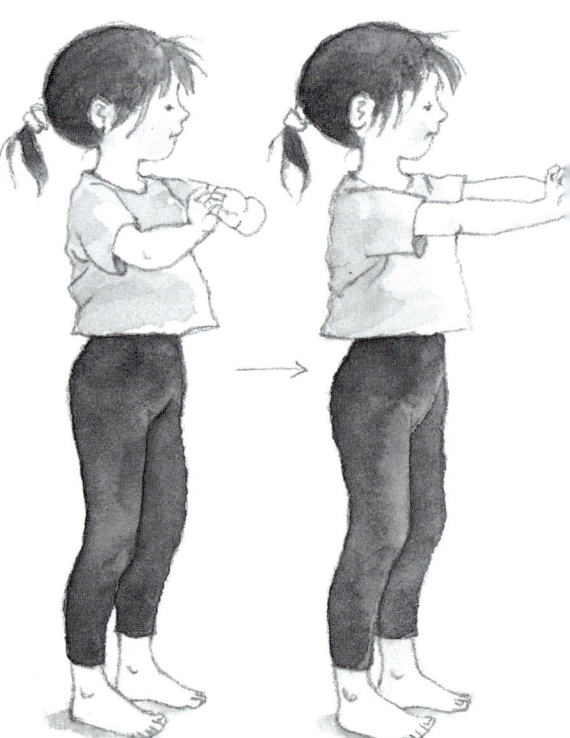

lassen, die Finger voneinander lösen, Augen schließen und nachspüren.

– *„Die Schultern wurden zurückgezogen! Wie fühlen sie sich nun an?"*
– *„Der Brustkorb wurde gedehnt! Wie fühlt sich das an?"*
– *„Hat sich der Atem vertieft?"*

27. Brustexpander mit Rück- und Vorbeuge

Das Kind beginnt mit dem Brustexpander wie oben. Dann beugt es sich ausatmend leicht zurück. Der Kopf liegt im Nacken. Bei Spannungsgefühlen im Hals oder bei Schilddrüsenfehlfunktion wird der Mund geöffnet. Ruhig und regelmäßig atmend (durch die Nase atmen!) in der Rückbeuge verweilen, Expander halten. Nach vier bis sechs Atemzügen langsam einatmend aufrichten und ausatmend mit geradem Rücken aus der Leiste heraus nach vorn beugen. Expander halten, vier bis sechs ruhige Atemzüge lang in der Vorbeuge verweilen. Anschließend im Einatmen langsam wieder aufrichten, die Hände lösen, Augen schließen und nachspüren.

Kinder mit Asthma sollten sich nur leicht nach vorn beugen, der Kopf darf nicht tiefer als das Becken sein!

– *„Wie fühlt sich der Körper jetzt an?"*
– *„Ein gedehnter Körper kann und will tiefer atmen! Genieße deinen Atemraum!"*

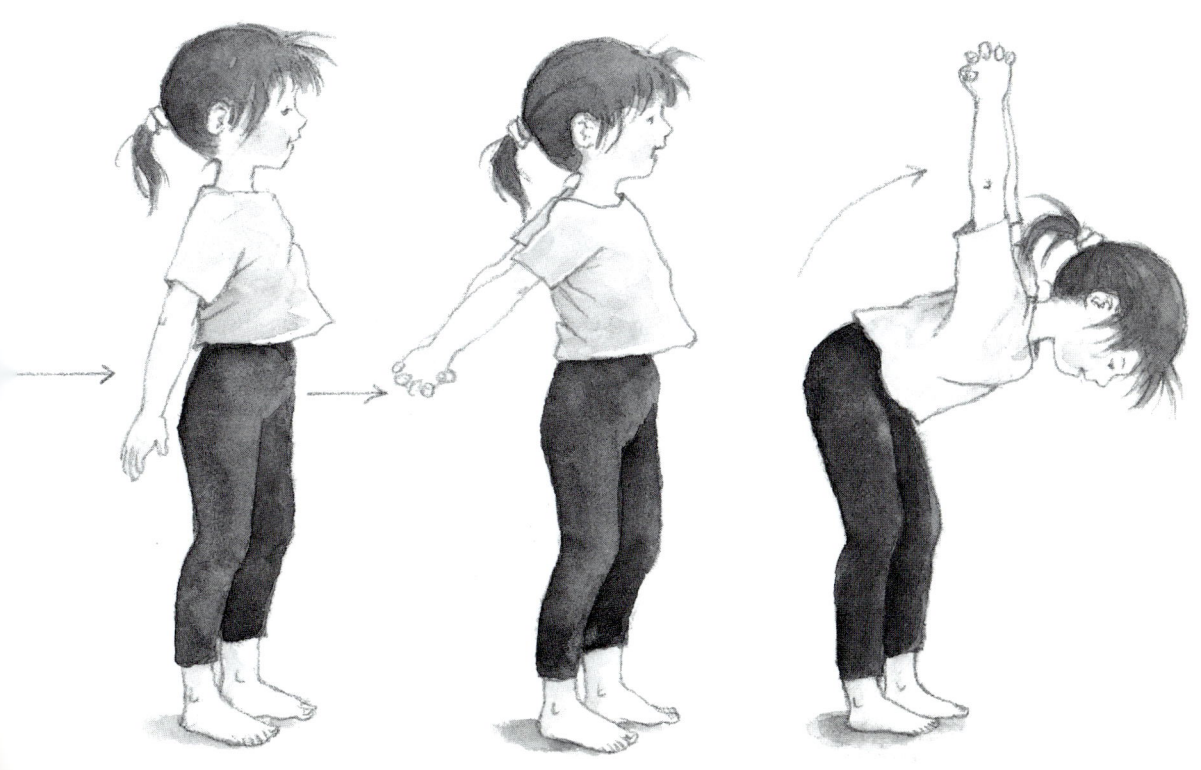

29. Sternhaltung

Die Ausgangshaltung ist der „Schmetterling" (siehe Kapitel 1, 12. Übung „Ein bunter Schmetterling"): Das Kind setzt sich aufrecht hin und legt die Fußsohlen aneinander. Die Beine fallen locker auseinander, die Knie weisen nach außen. Mit den Händen umfaßt es die Zehen und zieht die Füße möglichst nah an das Gesäß heran. Dann neigt es seinen Oberkörper langsam, mit geradem Rücken, nach vorn über die Füße. Die Beininnenseiten werden dabei sehr gedehnt. Von oben betrachtet sieht das Kind nun wie ein „Stern" aus.

Solange sich diese Haltung angenehm anfühlt, verweilt es einige ruhige Atemzüge in dieser Haltung, dann richtet es sich langsam wieder auf, schließt die Knie, schlingt die Arme darum und spürt in dieser Rundsitzhaltung nach.

28. Seitdrehung im Kniestand

Die Ausgangshaltung ist der Kniestand. Einatmend werden die ausgestreckten Arme in Schulterhöhe seitlich angehoben, und ausatmend dreht sich das Kind langsam nach rechts, sein Blick ruht auf dem rechten Handrücken. Ruhig und regelmäßig atmend verweilt es einige Atemzüge in der Haltung, dann kommt es einatmend zur Mitte zurück und dreht sich nun mit dem nächsten Ausatmen nach links. Sein Blick ruht nun auf dem linken Handrücken. Der Atem ist ruhig und regelmäßig. Einatmend kommt das Kind wieder zur Mitte zurück und läßt ausatmend die Arme sinken. Im aufrechten Schneidersitz oder Fersensitz ausruhen und nachspüren.

– *„Wie fühlen sich die Schultern, der obere*
   Rücken und die Arme jetzt an?"

30. Kamel

Die Ausgangshaltung ist der Kniestand. Die Knie sind etwa beckenbreit auseinander. Ausatmend wird das Becken leicht nach vorn geschoben und gleichzeitig der Oberkörper weit zurückgebeugt. Der Kopf liegt im Nacken, die beiden Hände umfassen die Fersen. Der Kehlkopfbereich wird stark gedehnt, deshalb ist es sehr wichtig, daß das Kind in dieser Körperhaltung den Mund leicht öffnet und nicht spricht. Es atmet ruhig und regelmäßig durch die Nase. Der Erwachsene sollte auch bei einem geübten Kind immer dabeisein, um es

gegebenenfalls im Rücken zu halten und zu stützen. Nach vier bis sechs Atemzügen löst das Kind die Haltung auf, indem es sich langsam wieder aufrichtet.

Im aufrechten Schneidersitz oder Fersensitz ausruhen und nachspüren.

– *„Wie fühlen sich die Schultern, der Brustbereich und die Arme jetzt an?"*

Diese Übung ist sehr anspruchsvoll. Sie erfordert und fördert Mut und Selbstvertrauen und sollte deshalb nur mit Kindern, die schon über eine gewisse Übungspraxis verfügen, geübt werden.

31. Heuschrecke

Das Kind liegt auf dem Bauch. Der Kopf liegt in der Mitte, es berührt mit dem Kinn den Boden. Die Hände sind zu Fäusten geballt und liegen so an der Seite des Körpers, daß die Daumen den Boden berühren. Einatmend hebt es zunächst das rechte Bein an. Ruhig und regelmäßig atmend verweilt es einige Atemzüge in dieser Haltung, dann legt es das Bein ausatmend wieder auf den Boden ab. Es wird kurz nachgespürt und dann die Übung mit dem linken und anschließend mit beiden Beinen gleichzeitig wiederholt.
Anschließend lang und ausdauernd ausruhen und nachspüren.
– *„Wie fühlen sich die Schultern, der Rücken und die Gesäßmuskulatur jetzt an?"*

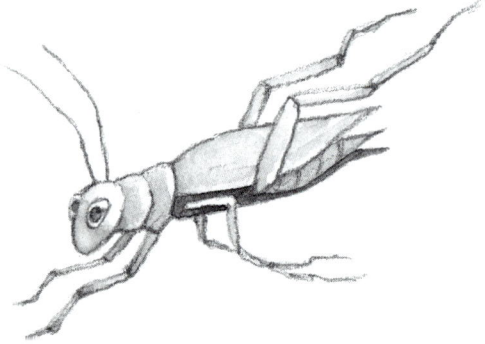

32. Babywiege

Das Kind sitzt mit lang ausgestreckten Beinen auf dem Boden. Nun winkelt es das rechte Bein an und legt den rechten Fuß in die linke Armbeuge. Mit dem rechten Arm umfaßt es so das rechte angewinkelte Knie, daß es die Finger verschränken kann. Und dann „wird das Baby geschaukelt"!
Die Übung mit dem anderen Bein wiederholen.
Im aufrechten Schneidersitz nachspüren.

33. Drehsitzhaltung

Das Kind sitzt mit lang ausgestreckten Beinen auf dem Boden. Nun winkelt es das rechte Bein an und stellt das rechte Bein über das linke. Der rechte Fuß steht dicht an der Außenseite des linken Oberschenkels. Die rechte Hand wird dicht hinter dem Gesäß aufgestützt, der linke Arm zwischen Oberkörper und Oberschenkel nach rechts geführt. Der linke Arm drückt den rechten Oberschenkel etwas zum Bauch hin, damit die linke Hand das linke Knie anfassen kann. Und nun ausatmend nach hinten über die rechte Schulter schauen. Vier bis sechs ruhige Atemzüge in dieser Drehsitzhaltung verweilen. Die Dehnung in den Schultern zulassen. Spüren, wie der angewinkelte rechte Oberschenkel einen leichten Druck auf den Bauch ausübt. Es ist eine regelrechte Massage der Bauchinnenorgane! Einatmend wieder zur Mitte zurückkehren und die Haltung auflösen. Im rechten Schneidersitz ausruhen und nachspüren.
– *„Wie fühlen sich die Schultern jetzt an?"*
– *„Wie fühlt sich der Bauch jetzt an?"*
Die Übung nach der anderen Seite wiederholen.

Die „Drehsitzhaltung" – von vorne und von hinten gesehen.

34. Krokodil

Das Kind liegt mit angewinkelten Knien auf dem Rücken. Die Füße sind geschlossen und stehen dicht vor dem Gesäß auf dem Boden. Beide Arme sind in Schulterhöhe lang ausgestreckt, die Handflächen weisen nach unten. Ausatmend läßt das Kind beide Knie nach links sinken und dreht gleichzeitig den Kopf nach rechts. Es atmet ruhig und regelmäßig weiter, spürt die starke Dehnung in der rechten Seite. Die Wirbelsäule wird in dieser Haltung regelrecht „geschraubt"! Nach einigen ruhigen Atemzügen kommt das Kind einatmend mit dem Kopf und den Knien wieder in die Ausgangshaltung zurück, und ausatmend wiederholt es die Übung nach der anderen Seite. Wenn es die Haltung auflösen will, kommt es zunächst wieder einatmend zur Mitte zurück. Das Kind streckt die Beine lang aus und spürt nach.

– *„Wie fühlen sich deine Schultern und dein Rücken jetzt an?"*

Wenn in der Ausgangshaltung die Füße nicht geschlossen sind, sondern beckenbreit oder sogar noch weiter auseinander sind, dann wird die Drehung der Wirbelsäule und die Dehnung der Seiten verstärkt.

35. Brücke

Das Kind liegt auf dem Rücken. Beide Beine werden angewinkelt, die Füße stehen in Bekkenbreite dicht vor dem Gesäß auf dem Boden. Die Arme werden gebeugt und über den Kopf gehoben. Die Hände werden so in Schulterhöhe auf den Boden aufgesetzt, daß die Finger zu den Füßen weisen. Das Kind atmet zwei- bis dreimal ruhig ein und aus, dann hebt es einatmend Po, Rücken und Kopf an. Der Rumpf ist nach oben gewölbt, der Kopf ruht im Nacken. Das Körpergewicht ruht auf den Handflächen und Füßen. Der Kehlkopfbereich wird stark gedehnt, deshalb ist es sehr wichtig, daß das Kind in dieser Körperhaltung den Mund leicht öffnet und nicht spricht. Es atmet ruhig und regelmäßig durch die Nase. Der Erwachsene sollte auch bei einem geübten Kind immer dabeisein, um es gegebenenfalls im Rücken zu halten und zu stützen. Nach vier bis sechs Atemzügen löst das Kind die Haltung auf, indem es langsam ausatmend Rumpf und Kopf wieder auf den Boden ablegt, die Beine lang ausstreckt und nachspürt.

Diese Haltung ist für Kinder mit Schilddrüsenüberfunktion und Asthma nicht geeignet.

– *„Wie fühlt sich dein Körper nach dieser Übung an?"*

an den Hüften. Das Kind verweilt ruhig und regelmäßig atmend in dieser Position. Da die Halswirbelsäule sehr stark belastet wird, ist es wichtig, daß das Kind den Kopf in der Mitte behält, also auf den eigenen Bauch schaut. Nach vier bis sechs ruhigen Atemzügen wird die Haltung mit angewinkelten Beinen langsam wieder aufgelöst und in der Rückenlage mit lang ausgestreckten Beinen nachgespürt. Diese Haltung ist für Kinder mit zu hohem Blutdruck, erhöhtem Augeninnendruck, Schilddrüsenüberfunktion oder Asthma nicht geeignet.

– *„Kopf und Hals und der obere Rumpfbereich wurden in dieser Haltung sehr stark durchblutet. Wie fühlen sie sich jetzt an?"*

37. Pflug

Das Kind beginnt wie in der 36. Übung „Kerze": Es winkelt beide Beine an und macht einen runden Rücken. Dabei löst es die Füße vom Boden und legt sie mit nun lang ausgestreckten Beinen hinter dem Kopf ab. Es kann sich mit den Händen in der Hüfte abstützen. Ruhig und regelmäßig atmend verweilt es in dieser Position. Da die Halswirbelsäule in dieser Körperhaltung sehr stark belastet wird, ist es wichtig, daß das Kind den Kopf in der Mitte behält, also auf den eigenen Bauch schaut. Nach vier bis sechs ruhigen Atemzügen wird die Haltung langsam wieder aufgelöst und in der Rückenlage mit lang ausgestreckten Beinen nachgespürt. Diese Haltung ist für Kinder mit zu hohem Blutdruck, erhöhtem Augeninnendruck, Schilddrüsenüberfunktion oder Asthma nicht geeignet.

– *„Kopf und Hals und der obere Rumpfbereich wurden in dieser Haltung sehr stark durchblutet. Wie fühlen sie sich jetzt an?"*

36. Kerze

Das Kind liegt auf dem Rücken. Dann winkelt es beide Beine an und macht einen runden Rücken. Dabei löst es die Füße vom Boden und streckt sie mit nun lang ausgestreckten Beinen und umgekehrt aufgerichtetem Oberkörper hoch in die Luft. Die Fersen weisen zur Decke. Die Hände unterstützen diese Umkehrhaltung

Die hier vorgestellten Körperübungen und Haltungen kräftigen den Körper in jeder Hinsicht:

Die Muskulatur wird trainiert und dadurch entspannt und gekräftigt. Die gesamte Körperhaltung wird verbessert, das Kind ist anmutiger, beweglicher und entspannter. Der Körperkreislauf wird angeregt, und die inneren Organe werden gestärkt. „Drehhaltungen" wie zum Beispiel der „Drehsitz" oder das „Krokodil" haben eine sehr harmonisierende Wirkung auf die Wirbelsäule. „Umkehrhaltungen" – Haltungen, in denen Oberkörper und Kopf tiefer sind als das Becken, wie es zum Beispiel bei der „Kerze" oder auch bei einer starken Vorbeuge im Stand wie dem „Brustexpander" im „Halbmond" der Fall sein kann – bewirken eine verstärkte Durchblutung der Gehirnzellen, der Sinnesorgane, der Bereiche Kehlkopf, Schilddrüse, Herz und Lunge. Die meisten Körperübungen haben in Verbindung mit den Atemanweisungen die Qualität einer Atemübung. Im „Brustexpander" beispielsweise entwickelt das Kind ein Bewußtsein dafür, daß es dann einatmet, wenn es seine Brust weitet und Atemraum schafft, und dann ausatmet, wenn es diesen Atemraum verengt.

Der Hauptwert dieser Körperübungen liegt in der Gesundheitsvorsorge. Kranke Kinder und Erwachsene sollten diese Übungen nur in Rücksprache mit dem behandelnden Arzt oder Therapeuten praktizieren. So ist es für Kinder mit Asthma nicht nur nicht „gut", sondern es kann sogar gefährlich werden, wenn seine Lunge durch eine „Umkehrhaltung" verstärkt durchblutet wird. Auch Kinder mit erhöhtem Blutdruck, Schilddrüsenfunktionsstörungen oder erhöhtem Augeninnendruck sollten diese Übungen nicht oder nur entsprechend ihrer individuellen Belastbarkeit ausführen.

Da es unmöglich ist, in einem Buch zu allen möglichen Krankheitserscheinungen Stellung zu nehmen, ist es wichtig, daß in einem solchen Fall der Rat und die Zusammenarbeit mit einem/einer Fachmann/-frau gesucht wird, bevor Sie mit dem Üben beginnen!

2. Komm – ich halte dich fest!

Übungen zur Förderung und Stabilisierung des inneren psychischen Gleichgewichts und des äußeren körperlichen Gleichgewichtssinns

Wenn ein Mensch in sich selbst ruhig und im Gleichgewicht ist, drückt er dies auch äußerlich aus: durch ruhige, fließende Bewegungen, eine ausgewogene Körperhaltung, durch einen ruhigen Blick und einen regelmäßigen Atemrhythmus. Geraten wir durch Aufregung oder Streß aus dem Gleichgewicht, schlägt sich dies ebenfalls sichtbar nieder: Der Atem beschleunigt sich, oder wir halten vor lauter Spannung die Luft an, die Bewegungen werden hektischer und eckiger, die Körperhaltung wirkt angespannt, und auch die Augen werden ruheloser. Alle Gleichgewichtsübungen können den Kindern helfen, ihr inneres Gleichgewicht zu stabilisieren. Kinder können ihr inneres und äußeres Gleichgewicht regelrecht trainieren. Jede Gleichgewichtshaltung verlangt und trainiert ein gutes Körpergefühl, einen ruhigen Atem und die Konzentrationsfähigkeit. Viele Gleichgewichtshaltungen werden zunächst als Partnerübungen geübt, bis das Kind in der Lage ist, die Übung allein auszuführen. Alle Partnerübungen fördern die Hilfsbereitschaft und das soziale Verhalten des Kindes. Wenn es einem anderen Kind hilft, so muß es in der Lage sein, sich in dieses andere Kind einzufühlen. Es lernt so, ein gewisses Maß an Verantwortung zu übernehmen. Dadurch wird sein Selbstbewußtsein gestärkt. Umgekehrt, wenn es Hilfe erhält, macht es die für das Leben notwendige Erfahrung, daß es gar nicht so einfach ist, Hilfe anzunehmen. Auf diese Weise lernt es, wie wichtig es ist, (bei Bedarf) Vertrauen zu anderen Menschen zu entwickeln.

Halte mich gut fest
Gleichgewichtsübungen für Kinder ab 2 Jahren

Kleinkinder brauchen bei Gleichgewichtsübungen besonders die Hilfe und Stütze von Mutter oder Vater. Eltern und Kinder haben hier eine ganz besondere Chance, sich auf neue und intensive Weise zu begegnen und kennenzulernen. Umgekehrt ist es für ein Kleinkind ein großes Erfolgserlebnis, wenn es auch einmal die Mutter oder den Vater hält, ihr oder ihm hilft, eine Gleichgewichtshaltung einzunehmen.

1. Wir wollen hoch hinaus
a) Im ruhigen Stand:
An der Hand der Mutter oder des Vaters geht das Kind hoch in den Zehenstand. Gleichzeitig streckt es auch die Arme hoch in die Luft.
„Der ganze kleine Mensch will hoch hinaus."
b) Beim Laufen:
Beide laufen gemeinsam Hand in Hand auf Zehenspitzen
– vorwärts und rückwärts.

2. Auf einem Bein
a) Stehend:
An der Hand der Mutter (Vater) stellt sich das Kind erst auf das eine Bein. Das andere wird
– angehoben
– nach vorn gestreckt
– nach hinten gestreckt.
Dann wird die Übung mit dem anderen Bein wiederholt.
b) Hüpfend:
Das Kind hüpft an der Hand erst auf dem einen, dann auf dem anderen Bein.

3. Zwei auf zwei Beinen
a) Stehend:
Mutter (Vater) und Kind halten sich an der Hand. Dann stellt sich jeder auf ein Bein. Anschließend wird die Übung auch noch mal mit dem anderen Bein ausprobiert.
b) Hüpfend:
Beide hüpfen gemeinsam erst auf dem einen Bein, dann auf dem anderen und halten sich dabei gegenseitig fest.

4. Wie eine Katze, die sich reckt und streckt

Die Ausgangshaltung ist der „Vierfüßler":
Die Katze „reckt und streckt sich", indem sie zuerst die rechte Vorderpfote (rechter Arm) anhebt und weit nach vorn streckt und dann gleichzeitig das linke Hinterbein (linkes Bein) anhebt und weit nach hinten ausstreckt. Das Kind bleibt solange es kann und es als angenehm empfindet in dieser Haltung.
Dann löst es die Haltung auf, ruht sich kurz aus und wiederholt die Übung mit der linken „Vorderpfote" und dem rechten „Hinterbein". Dies ist eine anspruchsvolle Gleichgewichtshaltung, die aber von Drei- bis Vierjährigen durchaus geübt werden kann!

Die Katze reckt und streckt sich

Komm – ich halte dich fest

Gleichgewichtsübungen für Kinder von 4 – 6 Jahren

Kinder im Kindergartenalter haben sicher ebenfalls viel Freude daran, wenn sie gemeinsam mit der Mutter oder dem Vater die Gleichgewichtshaltungen ausprobieren können. Aber in diesem Alter wachsen auch das Interesse und die Bereitschaft für soziales Verhalten und die Hilfsbereitschaft gegenüber anderen Kindern. Aus diesem Grund können die hier vorgestellten Übungen auch gut im Kindergarten mit einer ganzen Kindergruppe durchgeführt werden.

Man kann sich auch mit den Augen festhalten! Kinder (und Erwachsene) können besser ihr Gleichgewicht bewahren, wenn sie den Blick fest auf einen bestimmten Punkt in Augenhöhe fixieren. Vor allem dann, wenn die Kinder die Gleichgewichtshaltungen allein – also ohne Partner – üben, ist es für sie anfangs sehr hilfreich, wenn sie einen Aufkleber oder ein kleines Bildchen an der Wand (oder am Schrank) in Augenhöhe haben, an dem sie sich „mit den Augen festhalten" können.

5. Wie ein Storch – auf einem Bein

a) Allein – im ruhigen Stand:
Das Kind streckt die Arme leicht angewinkelt zur Seite. Das sind die „Flügel". Das linke Bein wird angewinkelt angehoben. Der Storch steht ruhig atmend auf dem rechten Bein.
Die Übung wird mit dem anderen Bein wiederholt.

– „Mach mal die Augen zu, Storch! Kannst du auch mit geschlossenen Augen auf einem Bein stehen?"

b) Allein – hüpfend:
Das Kind nimmt wie oben die „Storchenhaltung" ein und hüpft zuerst auf dem einen und dann auf dem anderen Bein.

c) Zu zweit oder in einer Gruppe:
Zwei (drei oder vier) Kinder nehmen sich an der Hand und hüpfen wie ein Storch.

6. Ruhig und im Gleichgewicht wie ein Baum

a) Allein:

Das Kind steht entspannt aufrecht. Die Füße sind geschlossen, die Arme hängen locker an den Seiten. Der Atem ist ruhig und regelmäßig. Nun verlagert es langsam sein Gewicht etwas mehr auf das rechte Bein und den rechten Fuß. „Stell dir vor, dein rechter Fuß senkt richtige Wurzeln in die Erde!" Dann winkelt es das linke Bein an und stellt den linken Fuß gegen die rechte Beininnenseite. Das linke Knie zeigt nach außen. Die beiden Hände nimmt es entweder in Gebetshaltung vor die Brust, oder es streckt beide Arme über den Kopf und legt die Handflächen aneinander. Ruhig und regelmäßig atmend verweilt es in dieser „Baumhaltung". Auch hier hilft es, wenn es den Blick auf einen festen Punkt in Augenhöhe fixiert.

Wenn es die Haltung auflösen möchte, läßt es zunächst die Arme an die Seiten sinken, stellt sich wieder auf beide Füße und spürt mit geschlossenen Augen nach.

Dann wiederholt es die Übung auf dem anderen Bein.

b) Als Partnerübung:

Zwei etwa gleich große Kinder stehen in der „Baumhaltung" Rücken an Rücken.

7. Wie eine Primaballerina – Zehenstand (allein)

a) Stehend:

Das Kind steht entspannt aufrecht. Die Füße sind geschlossen, die Arme hängen locker an den Seiten. Der Atem ist ruhig und regelmäßig. Nun streckt es beide Arme über den Kopf. Die Handinnenflächen berühren sich. Dann geht es

sehr langsam und konzentriert in den Zehenstand. Es atmet möglichst ruhig und regelmäßig (nicht die Luft anhalten!) und blickt auf einen festen Punkt in Augenhöhe vor ihm an der Wand. Es verweilt einige ruhige Atemzüge im Zehenstand und stellt sich langsam wieder auf seine Fußsohlen. Die Arme sind wieder an den Seiten. Es spürt mit geschlossenen Augen nach.

– *„Wie fühlen sich jetzt die Füße an?"*

b) Sich im Kreis drehen:

Das Kind geht wie oben in den Zehenstand und dreht sich erst im Uhrzeigersinn rechts, dann links herum. Anschließend spürt es mit offenen Augen (Kreislauf!) nach.

– *„Was fällt dir leichter: Wenn du stehst oder wenn du dich drehst?"*

8. Standwaage (Partnerübung)

Zwei Kinder stehen sich gegenüber. Das eine ist der „Helfer" und das andere der „Übende". Der „Helfer" nimmt die Hände als Handschalen etwa in Bauchhöhe vor seinen Körper.

Das übende Kind verlagert zuerst das Gewicht etwas mehr auf den rechten Fuß, der es tragen wird. Dann streckt es beide Arme hoch über den Kopf und beugt sich so nach vorn, daß es seine Hände in die Handschalen des „Helfers" legt. Gleichzeitig hebt es das linke Bein nach hinten an und streckt es weit von sich. Es befindet sich in der „Standwaage" und atmet ruhig und regelmäßig. Das lang ausgestreckte linke Bein, der Rücken, Kopf und Arme bilden eine gerade Linie. Das Kind fixiert dabei einen festen Punkt am Boden. Es kann aber auch auf seine Handrücken schauen oder den Blickkontakt zu seinem Helfer suchen. Nach etwa vier bis sechs ruhigen Atemzügen richtet es sich langsam wieder auf und spürt im entspannt aufrechten Stand nach.

Dann wiederholt es die Übung mit dem anderen Bein.
Nun erfolgt ein „Partnerwechsel": Der „Helfer"
wird jetzt zum „Übenden" und umgekehrt.
• „Was macht dir mehr Spaß: ‚helfen' oder
‚helfen lassen'?"

9. Katze

a) Allein:

Die Ausgangshaltung ist der „Vierfüßler".
Die Katze „reckt und streckt sich", indem sie
zuerst die rechte Vorderpfote (rechter Arm)
anhebt und weit nach vorn streckt und dann
auch noch das linke Hinterbein (linkes Bein)
anhebt und weit nach hinten ausstreckt. Das
Kind bleibt solange es kann und es ihm angenehm ist in dieser Haltung.
Dann löst es die Haltung auf, ruht sich kurz
aus und wiederholt die Übung mit der linken
„Vorderpfote" und dem rechten „Hinterbein".

b) Varianten:

Das Kind befindet sich im „Vierfüßler" und achtet darauf, daß seine Knie etwa beckenbreit
und seine Hände etwa schulterbreit auseinander sind. Dann nimmt es die Gleichgewichtshaltung ein, indem es zunächst den rechten Arm
und dann das linke Bein anhebt und weit nach
vorn bzw. nach hinten ausstreckt. Es winkelt

die „Standwaage"

das linke Bein an, führt gleichzeitig den rechten Arm über die Seite nach hinten und umfaßt das linke Fußgelenk. Der ganze Körper wird in dieser Haltung gedehnt. Das linke Knie sollte höher sein als der Po. Dabei schaut es nach vorn und fixiert seinen Blick etwa einen Meter vor sich am Boden. Nach etwa vier bis sechs Atemzügen löst es die Haltung auf und ruht sich im aufrechten Fersensitz aus.

Dann wiederholt es die Übung mit der anderen Seite.

Beim Nachspüren:

– „Wie fühlen sich der Rücken und die Schultern jetzt an?"

c) Zu zweit – „Zirkuskatzen" (Partnerübung):
Voreinander: Zwei Kinder stehen einander im Vierfüßler gegenüber. Beide legen die rechte Hand auf die Schulter des anderen und strecken gleichzeitig die linken Beine weit nach hinten aus. Die Haltung mit der anderen Seite wiederholen.

Nebeneinander: Zwei Kinder stehen nebeneinander im Vierfüßler. Beide legen den Arm, der dem anderen Kind zugewandt ist, auf dessen Schulter und strecken diagonal das andere Bein weit nach hinten aus.

Die Haltung mit der anderen Seite wiederholen.

Kleine Meister

Gleichgewichtsübungen für Kinder von 7–9 Jahren

Für Kinder dieses Alters besteht die Herausforderung darin, Gleichgewichtshaltungen, die sie bisher als Partnerübung ausgeführt haben, nun allein zu üben. So bieten die bereits vorgestellten Gleichgewichtsübungen (siehe Gleichgewichtshaltungen für vier- bis sechsjährige Kinder) eine gute Übungsgrundlage und Anreiz zum weiteren Üben.

10. Katze

Als Vorübungen dienen alle bisher beschriebenen „Katzenhaltungen" (siehe Kapitel 1, Übungen 1 und 17/ Kapitel 2, Übungen 4 und 9): Das Kind befindet sich im „Vierfüßler" und achtet darauf, daß seine Knie etwa beckenbreit und seine Hände etwa schulterbreit auseinander sind. Dann nimmt es die Gleichgewichtshaltung ein, indem es zunächst den rechten Arm und dann das linke Bein anhebt und weit nach

vorn bzw. nach hinten ausstreckt. Es winkelt das linke Bein an, führt gleichzeitig den rechten Arm über die Seite nach hinten und umfaßt das linke Fußgelenk. Der ganze Körper wird in dieser Haltung gedehnt. Das linke Knie sollte höher sein als der Po. Dabei schaut es über die rechte Schulter nach hinten. Nach etwa vier bis sechs Atemzügen löst es die Haltung Schritt für Schritt wieder auf und ruht sich im aufrechten Fersensitz aus.

Dann wiederholt es die Übung mit der anderen Seite.

Beim Nachspüren:

– *„Wie fühlen sich der Rücken und die Schultern jetzt an?"*

11. Standwaage (allein)

Das Kind steht aufrecht und verlagert zuerst
sein Gewicht etwas mehr auf den rechten Fuß,
der es tragen wird. Dann streckt es einatmend
beide Arme hoch über den Kopf und verhakelt
die Daumen. Es atmet ruhig und regelmäßig
weiter. Beim nächsten Ausatmen beugt es sich
nach vorn und hebt gleichzeitig das linke Bein
an und streckt es weit nach hinten aus. Es
befindet sich in der „Standwaage" und atmet
ruhig und regelmäßig. Das lang ausgestreckte
linke Bein, Rücken, Kopf und Arme bilden eine
gerade Linie. Das Kind fixiert dabei einen
festen Punkt am Boden. Nach etwa vier bis
sechs ruhigen Atemzügen richtet es sich langsam wieder auf und spürt im entspannt aufrechten Stand nach.
Dann wiederholt es die Übung mit dem anderen Bein.

12. Die Tänzerhaltung (allein)

Das Kind steht aufrecht und verlagert zuerst
sein Gewicht etwas mehr auf den rechten Fuß,
der es tragen wird. Dann winkelt es das linke
Bein an und umfaßt mit der linken Hand das
linke Fußgelenk. Gleichzeitig fixiert es seinen
Blick in Augenhöhe an der gegenüberliegen-
den Wand. Einatmend hebt es den rechten
Arm hoch über den Kopf, und ausatmend
beugt es sich nach vorn. Es blickt nun nach
vorn auf seinen Handrücken oder fixiert einen
neuen Punkt in Augenhöhe an der Wand. Das
angewinkelte linke Bein wird etwas nach hinten
hochgezogen, so daß das Knie höher ist als der
Po. Es verweilt etwa vier bis sechs ruhige Atemzüge in der Tänzerhaltung. Dann löst es die
Haltung auf, indem es sich zunächst aufrichtet,
dann seinen rechten Arm wieder sinken läßt
und sich auf beide Füße stellt. Es spürt im entspannt aufrechten Stand nach.
Dann wiederholt es die Übung mit dem anderen Bein.

Wie alle Körperübungen stärkt die vorgestellte Gleichgewichtshaltung die Muskulatur, verbessert die Körperhaltung und regt den Kreislauf an. Darüber hinaus fördert sie die Feinkoordination, den Gleichgewichtssinn und die Konzentrationsfähigkeit. Vor allem bewegungsarme Kinder neigen dazu, Gleichgewichtshaltungen zu vermeiden. Dies führt auch im Alltag dazu, daß sie sich gern irgendwo anlehnen, festhalten oder Halt in bevorzugten fixierten Körperpositionen suchen. Dies geschieht unbewußt und führt langfristig zu einer einseitigen Belastung bestimmter Körper- und Muskelzonen. Gleichgewichtshaltungen sind immer eine Herausforderung an den, der sie übt. Sie konfrontieren uns mit unserer Angst „zu fallen" oder den „festen Boden unter uns" zumindest teilweise und vorübergehend zu verlieren. Aus diesem Grund ist es so wichtig, auf einen ruhigen Atem zu achten, also nicht vor lauter „Spannung die Luft anzuhalten"! Eine fröhliche Atmosphäre, in der gelacht und somit auch Spannung abgebaut wird, ist eine gute Hilfe für solche Übungen.

3. Hol mal ganz tief Luft
Der natürliche Atem

Jeder Mensch kommt mit seinem ganz eigenen persönlichen Atemrhythmus auf die Welt. Wenn wir unsere Hände auf den Bauch oder auf den Brustkorb legen, können wir die Atemtätigkeit unter unseren Händen fühlen und aufmerksam beobachten: Beim Einatmen heben sich Brustkorb und Bauchdecke, und im Ausatmen senken sie sich wieder. Gleichzeitig stellen wir fest, ob wir vielleicht ein Kleidungsstück tragen, das diese Atembewegung behindert, oder eine gebeugte Körperhaltung eingenommen haben, die den Brustkorb einengt. Wir können weiterhin beobachten, daß wir, wenn wir ruhig und entspannt sind, auch einen ruhigen und regelmäßigen Atemrhythmus haben. Sind wir jedoch aufgeregt oder angespannt, so beschleunigt sich unser Atemrhythmus, oder wir halten vor Spannung vielleicht sogar die Luft an. All das können wir bei uns und anderen beobachten und daraus viel lernen.

Es lohnt sich, auf den Atem zu achten. Er erfüllt viele lebenswichtige Funktionen: Die mechanischen Atembewegungen des Zwerchfells massieren und stärken die Bauchinnenorgane – ständig und mit jedem Atemzug. Das Zwerchfell ist neben den Zwischenrippenmuskeln der wichtigste Atemmuskel. Es teilt den Oberkörper praktisch in zwei Hälften. In der oberen Hälfte befinden sich Herz und Lunge, in der unteren die Verdauungsorgane und Drüsen. Im ausgeatmeten Zustand ist das Zwerchfell entspannt und hat eine nach oben gewölbte Kuppelform. Beim Einatmen senkt es sich, und

dabei entsteht in der oberen Hälfte eine Art Unterdruck – die Atemluft wird regelrecht eingesogen. Gleichzeitig drückt das Zwerchfell nun nach unten auf die Bauchinnenorgane, die sich nach unten verlagern und die Bauchdecke nach außen drücken und sichtbar anheben. Ausatmend entspannt sich das Zwerchfell und nimmt seine ursprüngliche, nach oben gewölbte Kuppelform ein. So entsteht wieder Raum im Bauch, die Bauchinnenorgane kehren an ihren alten Platz zurück, und die Bauchdecke senkt sich. Gleichzeitig strömt die Luft aus der Lunge – wir atmen aus. Beim Einatmen werden die Zellen des Körpers mit dem lebenswichtigen Sauerstoff versorgt, den sie brauchen, um die Verbrennungsvorgänge im Körper aufrechtzuerhalten. Beim Ausatmen werden die Stoffwechselschlacken ausgeschieden.

Es ist ein wichtiges Ziel in diesem Buch, den eigenen natürlichen Atemrhythmus zu erfahren, zu erhalten und zu stabilisieren. Der natürliche Atem wird nicht künstlich beeinflußt. Es wird nicht die Luft angehalten, sondern das Kind lernt, sich dem ruhigen und gleichmäßigen Atemfluß hinzugeben, tief und entspannt zu atmen. Es lernt bei Bedarf wieder in seinen eigenen ruhigen Atemrhythmus zurückzufinden, wenn es unruhig ist oder sich aufgeregt hat. Wenn nicht eine Erkrankung der Atemwege, wie zum Beispiel ein Schnupfen, dagegen spricht, wird während der nun folgenden Übungen immer durch die Nase ein- und ausgeatmet.

Den Atem fühlen
Atemwahrnehmungsübungen für Kinder aller Altersgruppen

Bevor das Kind mit „richtigen Atemübungen"
beginnt, ist es wichtig, daß es ein Gefühl für
seinen eigenen individuellen Atemrhythmus
entwickelt.

Die folgenden Atemwahrnehmungsübungen
fördern im Kind ein gutes Wahrnehmungsvermögen für lebendige Vorgänge im eigenen
Körper und bei anderen Menschen und Lebewesen. Es erhält einen unmittelbaren Eindruck
über seine eigene momentane Atemtiefe.

Wenn Sie es diese Übungen vor und nach
einer Körperübung ausführen lassen, dann
kann es selbst unter seinen Händen fühlen, wie
sein Atem allmählich freier, tiefer und ruhiger
wird. Solche Vergleiche sind vor allem für die
etwas älteren Kinder spannend.

1. Kuscheltieratmung – Bauchatmung
a) Kuscheltieratmung:
Das Kind liegt entspannt auf dem Rücken. Auf
seinem Bauch ruht ein Kuscheltier (Teddybär).
Da sich die Bauchdecke im Atemrhythmus
hebt und senkt, wird das Kuscheltier sanft auf
und ab geschaukelt.
– „Wie fühlt sich dein Kuscheltier, wenn es so
   schön sanft geschaukelt wird? Meinst du, es
   gefällt ihm?"
– „Und du, fühlst du dich auch so ruhig und
   wohl wie dein Kuscheltier?"
– „Vielleicht könnt ihr beide sogar so einschlafen?"
b) Bauchatmung:
Das Kind liegt entspannt auf dem Rücken.
Seine Hände liegen rechts und links vom
Bauchnabel auf dem Bauch. Es spürt unter seinen Händen, wie sich im Einatmen die Bauchdecke hebt und beim Ausatmen senkt. Die
Hände geben den Atembewegungen des Bauches elastisch nach.
– „Fühlst du, wie schön warm sich dein Bauch
   unter deinen Händen anfühlt?"
– „Kommt der Atem im Bauch an?"

2. Den eigenen Atem beobachten
a) In der Rückenlage:
Das Kind liegt entspannt auf dem Rücken und
legt einige Atemzüge lang die Hände auf den
Bauch, dann auf die unteren Rippenbögen und
zum Schluß auf den oberen Brustbereich unterhalb des Schlüsselbeins. Es fühlt den „Bauch-
atem", den „mittleren" und „oberen Atem"
unter seinen Händen.

• „Wo fühlst du deinen Atem am stärksten?"
b) Im aufrechten Sitz:
Dieselbe Übung wird im Sitzen wiederholt.
• „Wo fühlst du deinen Atem am stärksten?"
c) Im aufrechten Stand:
Die „untere", „mittlere" und „obere" Atmung
wird im Stand erspürt.
• „Wo fühlst du deinen Atem am stärksten?"
• „Wann bewegt sich dein Bauch am meisten:
  in der Bauchlage, im Sitzen oder im Stehen?
  Woran mag das liegen?"
d) In der Bauchlage:
Das Kind liegt auf dem Bauch und spürt, wie
die Bauchdecke gegen einen Widerstand,
gegen den festen Boden atmet und „der Atem
in die Seiten fließt".
Sogar der Po hebt und senkt sich im Atemrhythmus.

3. Den Atem bei anderen Menschen fühlen

a) In der Rückenlage:
Die Mutter, der Vater oder ein anderes Kind
liegt auf dem Rücken. Das Kind legt seine
Hände auf den Bauch, auf die unteren Rippenbögen und zum Schluß auf den oberen Brustbereich unterhalb des Schlüsselbeins des anderen. Es fühlt die lebendigen Atembewegungen
des anderen Menschen.

b) Im Sitzen:
Zwei Kinder oder auch Mutter (Vater) und Kind
sitzen Rücken an Rücken. Sie nehmen die
Atemtätigkeit des anderen im Rücken wahr.

4. Dem Atem lauschen

Anstelle seiner Hände legt das Kind sein Ohr
auf die verschiedenen oben genannten Körper-
bereiche des Vaters oder der Mutter (oder
des anderen Kindes) und „lauscht" dem Atem.

---

*Diese Atemwahrnehmungsübungen sind sehr
entspannend. Die Kinder bekommen einen
unmittelbaren Eindruck davon, daß sich ein
ruhiger Atem auf den Körper, die Gefühle und
Gedanken beruhigend auswirkt. Die Kinder
erfahren dies selbst! Dies gilt insbesondere für
die „Bauchatmung" und die „Kuscheltieratmung". Da Kinder Schaukelbewegungen mit
dem Gefühl von Ruhe und Geborgenheit asso-
ziieren, haben diese beiden Übungen eine
sehr beruhigende, entspannende, den Schlaf
fördernde Wirkung. Fragen wie: „Gefällt es
deinem Kuscheltier, wenn es so schön
geschaukelt wird?", werden in aller Regel mit
„ja", manchmal auch mit dem Hinweis „Mein
Kuscheltier schläft schon!" beantwortet. Aus
Erfahrung mit meinen Kindergruppen weiß ich,
daß viele Kinder, wenn sie erst einmal die beruhigende Wirkung dieser Atemübung selbst
gefühlt und herausgefunden haben, diese selb-
ständig anwenden. Die Kinder erzählen stolz,
daß sie in der Nacht wach wurden und auch
ihr Kuscheltier nicht mehr einschlafen konnte.
Mit der „Kuscheltieratmung" konnten zunächst
ihr Kuscheltier und dann auch sie selbst wieder
in den Schlaf finden.
Wenn sie anstelle des Kuscheltiers die Hände
auf den Bauch legen und so die „Bauchatmung" fühlen, entsteht ein unmittelbarer
Eindruck von Kraft, Ruhe, Wärme und Geborgenheit im Bauch und in der eigenen Mitte.
Schulkinder ziehen diese Übung manchmal
der „Kuscheltieratmung" vor. Man sollte die
Wahl dem Kind selbst überlassen.*

Frei und weit für den Atem

Atemübungen für Kinder aller Altersgruppen

Die folgenden Atemübungen vermitteln den Kindern ein Körperbewußtsein für einen gesunden, frei fließenden Atem. Das Kind erfährt, daß es das Einatmen unterstützen kann, wenn es seinen Brustraum und seine Körpervorderseite weit und frei macht. Es lernt, sich bewußt einatmend zu öffnen und ausatmend zu schließen. Körpervorgänge, die wir häufig als „selbstverständlich" hinnehmen und ihnen deshalb auch keine Beachtung schenken, werden ins Bewußtsein gehoben. Und das ist auch gut und

wichtig so. Denn im Laufe der Jahre verlieren die meisten Menschen das richtige Gefühl für ihren Atem und entwickeln falsche und vor allem krankmachende Atemmuster. So gibt es durchaus Erwachsene, deren Atem den Bauch schon gar nicht mehr erreicht oder die sich beim Einatmen nach vorne beugen und den Atemraum beengen, anstatt ihn zu weiten. Kinder, die solche grundsätzlichen Atemregeln einmal bewußt erfahren und geübt haben, neigen später nicht so leicht zu solchen falschen Atemmustern. Hierin liegt auch der Hauptwert dieser Atemübungen.

5. Sich öffnen und wieder schließen – weit und eng

a) Einzeln im Stand:
Einatmend weitet das Kind Brustkorb und Atemraum, indem es die Arme weit auseinander und V-förmig über den Kopf streckt und sich gleichzeitig leicht zurückbeugt. Ausatmend läßt es die Arme wieder an die Seiten sinken, gleichzeitig beugt es sich leicht nach vorn. Die Übung ruhig mehrere Male (etwa fünfmal) wiederholen.

b) Partnerübung, Gruppen im Stand:
Die Kinder nehmen sich an die Hand, bilden einen Kreis und führen die Atemübung gemeinsam aus. Die Übung ruhig mehrere Male (etwa fünfmal) wiederholen.

Gehen alle Kinder einatmend etwas zurück und ausatmend vor, dann schwingt der ganze Kreis im Atemrhythmus.

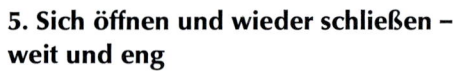

b) Die „Ha-Atmung"

Das Kind steht aufrecht. Die Beine sind leicht gegrätscht. Einatmend richtet es sich hoch auf und streckt die Arme V-förmig über den Kopf. Die Hände sind dabei zu Fäusten geballt. Einatmen hat etwas mit „nehmen" und „festhalten" zu tun, und dies wird durch die Fäuste angedeutet. Ausatmend schwingt es den Oberkörper nach vorn und öffnet dabei die Hände. Ausatmen hat etwas mit „geben" und „loslassen" zu tun, deshalb werden die Hände geöffnet. Dabei ruft das Kind laut „Ha". Es atmet durch die Nase ein und durch den Mund aus! Die Übung mehrere Male wiederholen.

– *„Versuche alles, was dich ärgert oder beunruhigt, mit diesem ‚Ha' aus deinen Gedanken und Gefühlen loszulassen."*
– *„Fühlst du, wie befreiend und entspannend diese Übung ist?"*

6. Raus mit allem, was mich ärgert

a) Der „Holzhacker":

Das Kind steht aufrecht. Die Beine sind leicht gegrätscht. Die Hände werden vor dem Körper verschränkt. Einatmend richtet es sich hoch auf und streckt die Arme und die verschränkten Hände weit nach hinten über den Kopf. Ausatmend schwingt es den Oberkörper nach vorn und vollführt dabei eine Handbewegung, als wolle es mit den verschränkten Händen Holz hacken. Dabei ruft es laut „Ha". Das Kind atmet durch die Nase ein und durch den Mund aus! Die Übung mehrmals wiederholen.

– *„Versuche alles, was dich ärgert oder beunruhigt, mit diesem ‚Ha' aus deinen Gedanken und Gefühlen loszulassen."*
– *„Fühlst du, wie befreiend und entspannend diese Übung ist?"*

8. Die Seemuschel

Das Kind liegt mit angewinkelten Beinen auf dem Rücken. Die Knie sind geschlossen, die Arme sind lang ausgestreckt und so vor dem Körper, daß sich die Handflächen berühren. Einatmend öffnet es sich „wie eine Seemuschel", indem es die Knie auseinanderfallen läßt und die Arme weit auseinander nimmt, ausatmend schließt es seine Knie und Hände vor dem Körper. Diese Übung wird fünf- bis sechsmal wiederholt. Das Kind atmet dabei durch seine Nase. Anschließend streckt es die Beine lang aus und spürt nach.

UUAAH!

7. Die Gorilla-Atmung

Das Kind steht oder sitzt entspannt aufrecht. Dann atmet es ruhig und tief durch die Nase ein und mit einem lauten „uaaah" durch den Mund aus. Dabei klopft es sich mit den Fäusten oder mit den Fingerspitzen kräftig auf die Brust. Diese Übung kann mehrere Male (fünfmal) wiederholt werden. Kinder mit Asthma sollten diese Übung nur ganz sanft ausführen.

9. Die atmende Blume – Atemmeditation

a) Mit den Händen:

Das Kind sitzt entspannt aufrecht. Die Hände befinden sich in Gebetshaltung vor seiner Brustmitte. Einatmend öffnen sich die Hände und Finger wie eine Blüte, und ausatmend schließen sie sich wieder. Das Kind atmet immer durch die Nase. Nach etwa fünf bis sechs Atemzügen läßt es seine Hände sinken und spürt nach.

– *„Waren Atem und Bewegung ,eins'?"*

b) Mit den Unterarmen und Händen:

Das Kind sitzt entspannt aufrecht. Die Hände befinden sich in Gebetshaltung vor seiner Brustmitte, auch die Unterarme berühren sich. Einatmend lösen sich die Handflächen und Unterarme voneinander, ausatmend berühren sie sich wieder. Das Kind atmet immer durch die Nase. Nach etwa fünf bis sechs Atemzügen läßt es seine Arme sinken und spürt nach.

– *„Waren Atem und Bewegung ,eins'?"*

– *„Da die Bewegungen etwas weitläufiger sind als bei der Variante a), vertieft sich auch der Atem. Wie geht es dir dabei?"*

c) Weit ausgreifend:

Das Kind sitzt entspannt aufrecht. Die Arme hängen locker an den Seiten. Einatmend führt es seine lang ausgestreckten Arme über die Seiten langsam über den Kopf, bis sich die Handflächen berühren, ausatmend läßt es die Arme langsam sinken und kehrt in die Ausgangsposition zurück. Es macht einen ganz „normalen" Atemzug. Dann wiederholt es die Übung noch dreimal, immer mit einem „normalen" Atem dazwischen. Das Kind atmet durch die Nase.

– *„Die Bewegungen sind wesentlich weitläufiger als bei den Varianten a) und b) und deshalb auch anstrengender. Wie geht es dir damit?"*

– *„Waren Atem und Bewegung ,eins'?"*

Einfachste, vielen Menschen meist unbewußte Atemregeln werden den Kindern bewußt gemacht. „Einatmend öffne ich mich – ausatmend schließe ich mich!" Darüber hinaus haben die „tonhaften" Atemübungen wie der „Holzhacker", „Ha-Atmung", „Gorilla-Atmung" eine sehr befreiende, Aggressionen abbauende und somit entspannende Wirkung. Da Atmung und Körperbewegungen miteinander verbunden werden, wird auch die Konzentrationsfähigkeit gefordert und gefördert.

Sämtliche Atemwahrnehmungsübungen und Atemübungen machen deutlich, daß sowohl eine gesunde und aufrechte Körperhaltung als auch ein Gefühl der Ruhe und Entspannung eine positive Auswirkung auf unseren Atem haben. Umgekehrt wirkt sich ein ruhiger und frei fließender Atem sehr förderlich auf die Gesundheit von Körper und Nervensystem aus.

4. Kopf sucht Bauch

Über den Körper sich selbst kennenlernen

Kinder haben ein großes Interesse an den Vorgängen im eigenen Körper und an dem der anderen. Sie wollen wissen und erforschen, wie dies und das funktioniert, warum das Herz plötzlich schneller schlägt oder warum es uns plötzlich warm wird.

Es ist wichtig, diese kindliche Neugierde zu fördern. Denn so entwickeln die Kinder auf ganz natürliche Weise ein Gespür dafür, wie sich ihr Körper anfühlt, wenn sie gesund und entspannt sind.

Den Körper entdecken

Körperwahrnehmungsübungen für Kinder aller Altersgruppen

Die folgenden Übungen geben den Kindern Gelegenheit, sich und ihren Körper näher kennenzulernen und inneren Vorgängen auf die Spur zu kommen. Dabei erfahren sie sich selbst als einzigartig und lernen, sich selbst in dieser Einzigartigkeit zu lieben und anzunehmen. Gleichzeitig wird die Bereitschaft gefördert, auch andere in ihrer unverwechselbaren Einmaligkeit zu erkennen und anzunehmen.

1. Wir erstellen ein Körperschema

Ein Kind legt sich rücklings auf ein großes Papier. Die Beine sind leicht gespreizt, auch die Arme liegen etwas vom Körper entfernt am Boden. Ein anderes Kind umrandet mit einem Stift den Körper, zeichnet seine Konturen.

2. Wir fühlen die Erde, die uns trägt

a) „Reise" durch den Körper:

Die Kinder legen sich auf den Rücken und machen eine „Reise" durch den Körper – von den Füßen über die Beine, den Po, den Rücken, die Schultern, die Arme bis hoch zum Hinterkopf. „Welche Bereiche deines Körpers berühren die Erde und welche nicht?" Im Anschluß an diese Übung können sie die Körperstellen, die Bodenkontakte hatten (zum Beispiel Fersen oder Waden), rot und die Stellen, die keinen Bodenkontakt hatten (z. B. Kniekehlen, Teile des Rückens) blau ausmalen.

b) Bodenkontakt:

Die Kinder legen sich auf den Bauch und erspüren den „Bodenkontakt" wie oben.

3. Wir erspüren Teile unseres Körpers

a) Als Einzelübung:

Die Kinder setzen oder legen sich entspannt hin und schließen ihre Augen. Dann konzentrieren sie sich auf eine bestimmte Körperzone, zum Beispiel den Bauch. Sie atmen dahin, legen eventuell ihre Hände darauf und beobachten, wie sich ihr Bauch anfühlt. Dasselbe geht auch mit den Knien, mit der Brust und anderen Körperbereichen.

b) Als Partnerübung:

Ein anderes Kind legt seine Hände auf einen bestimmten Körperbereich (z. B. Rücken, Hände), und das Kind konzentriert sich darauf, atmet dahin, versucht, sich bewußt in diesem Bereich zu entspannen (siehe Kapitel 5, Übung 3 „Wir lächeln uns selbst zu").

c) Nachspüren:

Bestimmte Körperzonen werden durch die bereits vorgestellten Körperübungen erwärmt und bewußt gemacht.

Anschließend können die Kinder ihre Erfahrungen mittels des Körperschemas reflektieren und festhalten. Wenn sich der Körperbereich gut, warm und entspannt anfühlt, wird er rot ausgemalt. Fühlt er sich nicht gut an, dann wird er blau ausgemalt.

4. Geschichten, die die Hände erzählen

Die Kinder legen ihre Hände ganz ruhig in den Schoß und betrachten sie sehr genau. Sie schauen sie an, als würden sie sie zum erstenmal in ihrem Leben sehen. Sie prägen sich die unverwechselbaren Merkmale ihrer Hände (abgekaute Nägel, Narbe, Leberfleck usw.) genau ein.

a) „Was können Hände alles tun?":

Jedes Kind erzählt eine Geschichte von seinen Händen. Es erzählt so, als wäre es selbst die Hände. Die Hände erzählen, was sie gern tun (z. B. basteln, streicheln) und was sie nicht gern tun (z. B. aufräumen). Gleichzeitig stellen die Bewegungen der Hände die Erzählungen dar: „Wir streicheln gern unsere Katze!" – Gleichzeitig werden Streichelbewegungen dargestellt.

b) Hände können Gutes und Böses tun:

Die Kinder überlegen, was man sonst noch alles mit den Händen tun kann. Was können die Hände Gutes tun? (Z. B. jemanden festhalten, streicheln). Was können die Hände Böses tun? (Z. B. jemanden schlagen). Gleichzeitig stellen sie dies pantomimisch mit ihren Händen dar.

c) Ratespiel:

Ein Kind stellt eine Bewegung dar (z. B. schreiben, sägen), die anderen müssen raten, was es meint.

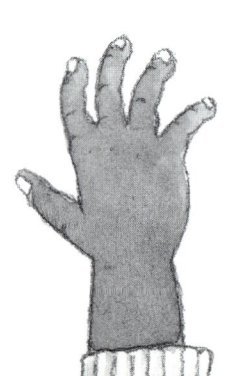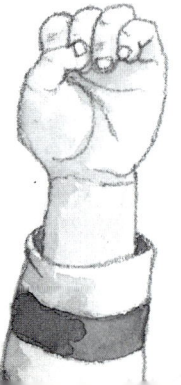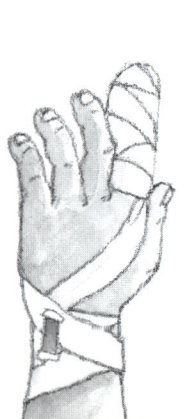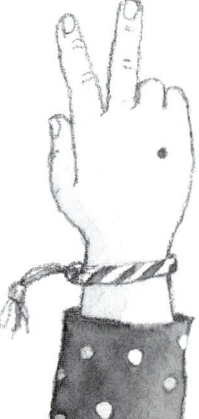

5. Meine Füße, die mich durch die Welt tragen

Die Kinder setzen sich entspannt hin, die Beine
sind lang ausgestreckt, und betrachten ihre
Füße. Sie schauen sie lange an, als würden sie
sie zum erstenmal in ihrem Leben sehen, und
prägen sich ihre unverwechselbaren Merkmale
genau ein.

a) Wohin mich meine Füße tragen:
Dann erzählt jedes Kind eine Geschichte von
seinen Füßen. Es erzählt so, als wäre es selbst
die Füße. Die Füße erzählen, wohin sie gern
gehen (z. B. Spielplatz, Schwimmbad) und wie
sie gehen (z. B. hüpfen, tanzen). Dann erzählen
die Füße, wohin sie nicht gern gehen (in die
Schule, zum Zahnarzt) und wie sie gehen,
wenn sie nicht gern gehen (langsam, schwer-
fällig). Gleichzeitig stellen die Bewegungen des
Kindes die Erzählungen dar.

b) Kunststücke:
Die Kinder überlegen, was man sonst noch
alles mit den Füßen tun kann. Können sie mit
den Füßen schreiben oder streicheln oder
etwas aufheben? Gleichzeitig probieren sie
dies praktisch aus.

c) Schauspieler:
Die Kinder überlegen, wie ein alter Mensch
geht, ein junger, ein gesunder, ein kranker
Mensch usw. Gleichzeitig stellen sie die Bewegungen pantomimisch dar.

6. Geschichten, die mein Herz erzählen kann

Die Kinder setzen sich ganz still hin, schließen
die Augen und konzentrieren sich auf ihr Herz.
Sie lauschen ihrem eigenen Herzschlag.
Dann erzählt jedes Kind von seinem Herzen.
Es erzählt so, als würde das Herz sprechen.
Wann wird es ganz warm ums Herz? Wann
schlägt das Herz schneller? (Angst, Aufregung,
Anstrengung). Was kann mich (mein Herz)
wieder beruhigen?

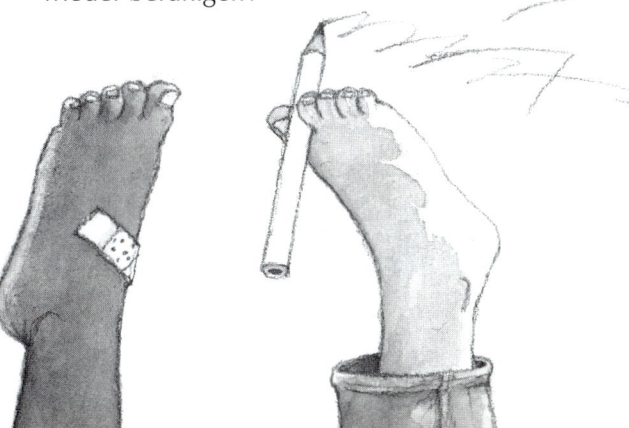

7. Ein schöner Rücken kann auch entzücken

a) Die „Rückenschaukel":

Das Kind winkelt in der Rückenlage die Beine
an, umfaßt mit den Händen die Knie und zieht
die Oberschenkel fest an den Bauch. Und nun
schaukelt es mit Schwung vor und zurück, dann
von rechts nach links (siehe Kapitel 1,
21. Übung).

– *„Wie fühlt sich dein Rücken jetzt an?"*

b) „Rückenmalerei":

Ein Kind malt mit dem Finger auf den Rücken
des anderen: ein einfaches Bild, eine Zahl oder
einen Buchstaben, und das Kind errät, was auf
seinen Rücken gemalt wurde.

8. Ich mag meinen Bauch

a) Bauchschaukel:

Das Kind liegt auf dem Bauch und winkelt
beide Beine so an, daß es mit beiden Händen
die Fußgelenke umfaßt. Und nun schaukelt es
auf dem Bauch mit Schwung vor und zurück.

– *„Wie fühlt sich dein Bauch jetzt an?"*

b) Bauchmassage:

Das Kind liegt auf dem Rücken. Mit der rechten
Hand massiert es kreisend (rechts herum im
Uhrzeigersinn) sanft seinen Bauch.

– *„Magst du deinen Bauch?"*

*Bei diesen Übungen ist es nicht wichtig, wie
die Kinder die Bewegungen machen, sondern
wie sie sie erfahren. Aus diesem Grund sollte
sich die Mutter oder der (die) ÜbungsleiterIn
jeder Wertung enthalten und ein Klima des
gegenseitigen Vertrauens und miteinander
Wohlfühlens schaffen.*

*Mit diesen Übungen und nicht zuletzt durch
das Körperschema lernen die Kinder, bewußt
über die Wirkungen der einzelnen Übungen
auf ihren Körper und auf ihr psychisches
Wohlbefinden zu reflektieren.*

Mit allen Sinnen wahrnehmen

Sinneswahrnehmungsübungen für Kinder aller Altersgruppen

Selbsterfahrung ist ein Weg des Vertrauens, der langsam und behutsam beschritten werden muß. Deshalb geht man vom Erleben im eigenen Inneren zunächst zur Berührung anderer Gegenstände über, und erst dann berühren die Kinder andere Kinder oder lassen sich berühren. Die Entscheidung, will ich an diesem Spiel teilnehmen oder nicht, sollte vom Kind getroffen und vom Erwachsenen unbedingt akzeptiert werden!

9. Berührungen

a) Wer bin ich?
Die Kinder betasten mit geschlossenen Augen ihr Gesicht (ihr Haar, ihren Bauch usw.).
b) Was ist das?
Die Kinder betasten mit geschlossenen Augen einen Gegenstand. Zunächst beschreiben sie, wie sich dieser Gegenstand anfühlt, dann versuchen sie zu erraten, worum es sich handelt.
c) Wer ist das?
Die Kinder betasten mit geschlossenen Augen das Gesicht (den Körper) eines anderen Kindes. Sie beschreiben zunächst, was sie fühlen (eine große Nase, eine zarte Haut, lockige Haare usw.), dann versuchen sie zu erraten, um wen es sich handelt.

10. Mit den Augen sprechen

Zwei Kinder sitzen sich gegenüber und sehen sich an. Sie versuchen nun „ganz lieb zu gucken", „ganz böse", „ängstlich", „erstaunt", „lächelnd".
Hinterher erzählen sie, wie es ihnen damit ging, in „liebe" oder „ärgerliche" Augen zu schauen oder selbst das andere Kind so anzusehen.

12. „Nase vorn"

Die Kinder setzen sich mit geschlossenen
Augen hin. Sie atmen ruhig und regelmäßig
und sind ganz still.

a) Riechen:
Welche Gerüche kann ich jetzt spontan wahrnehmen?

b) Gerüche vorstellen:
Die Kinder stellen sich bestimmte Gerüche vor
(z.B. Pommes frites, eine Blume, das Meer) und
versuchen herauszufinden, ob sie sie nun auch
riechen können.

c) Gerüche raten:
Die Kinder versuchen, Dinge, die der Übungsleiter mitgebracht hat, am Geruch zu erraten.

d) Die Kinder lassen ihre Nase erzählen:
Was rieche ich gern und was nicht?

11. In die Stille lauschen

Die Kinder setzen sich mit geschlossenen
Augen hin. Sie atmen ruhig und regelmäßig
und sind ganz still.

a) Dann lauschen sie den Geräuschen draußen:
den vorbeifahrenden Autos, Vogelgezwitscher,
Menschen, Hundegebell usw.

b) Dann lauschen sie den Geräuschen im
Raum:
eine tickende Uhr, ein knackender Holzschrank,
der Atem der anderen Kinder usw.

c) Dann lauschen sie in ihren Körper hinein:
dem eigenen Atem, dem Herzrhythmus, den
Geräuschen des Magens usw.

d) Geräuscheraten:
Die Kinder erraten Geräusche, die ihnen von
einer Kassette oder einem Gegenstand (Kamm,
Glöckchen, Schlüssel, Papier usw.) vorgeführt
werden

13. Was schmeckt mir?

Die Kinder setzen sich mit geschlossenen
Augen hin. Sie atmen ruhig und regelmäßig
und sind ganz still.

a) Schmecken:
Welchen Geschmack habe ich gerade im
Mund?

b) Geschmacksrichtungen vorstellen:
Den Kindern werden bestimmte Lebensmittel
präsentiert (z. B. eine Zitrone, ein Kaugummi,
Schokolade, Salz), und sie versuchen, sich den
Geschmack dieser Lebensmittel so intensiv vor-
zustellen, daß sie meinen, ihn auf der Zunge
zu empfinden.

c) Die Kinder lassen „ihre Zunge erzählen":
Was schmeckt mir, und was schmeckt mir nicht?

*Das Bewußtsein für unsere Wahrnehmung,
für das also, wie wir ganz individuell „die
Welt sehen", was wir „für wahr nehmen", wird
durch solche Übungen geschärft. Auch die
eigenen körperlichen inneren Vorgänge werden deutlicher gefühlt.*

5. Meine bunte Zauberwelt

Kinder erfahren den Zauber ihrer bunten Innenwelt durch Phantasiereisen und Meditation

Geleitete Phantasiereisen und die Meditation erlauben es dem Menschen, sich ganz in sich selbst zu versenken, in sich hineinzuschauen und zu lauschen. Auf diese Weise erschließen wir uns neue Ideen, Impulse, kreative Kraft und Klarheit. Lebensfragen werden in einem Zustand innerer Ruhe und Entspannung neu beleuchtet und neu beantwortet.

Viele Erwachsene sind überrascht, wenn sie hören, daß bereits drei- oder vierjährige Kinder meditieren oder begeistert Phantasiereisen mitmachen. Tatsächlich bringen gerade die Kinder mit ihrer Fähigkeit, sich ganz und gar in ein Spiel zu vertiefen und dabei „alles um sich herum vergessen" zu können, sehr gute Voraussetzungen hierfür mit. Es macht ihnen viel Spaß, von einer „Reise mit dem fliegenden Teppich" zu träumen oder sich eine „kleine Blumenfee" oder einen „kleinen Zwerg" als treuen, unsichtbaren Freund auszumalen.

Die Kinder entdecken dabei ihre eigene bunte Bilderwelt. Sie lernen, ihr eigenes inneres Erleben wahrzunehmen, zu lieben und zu schätzen. Indem sie ihre Aufmerksamkeit nach innen lenken, lernen sie nicht nur sich selbst besser kennen. Sie können sich auch bei Bedarf von den manchmal allzu lauten und bunten Reizen der Außenwelt schützen.

Mach mal deine Augen zu...
Phantastische Übungen für Kinder aller Altersgruppen

Kinder unterschiedlicher Altersstufen unterscheiden sich in ihrer Körpergröße, in der körperlichen motorischen Koordinationsfähigkeit, in ihren Interessen und durch die Dauer ihrer Konzentrationsfähigkeit und Aufmerksamkeit. Die folgenden meditativen Übungen können zwar von allen Kindern praktiziert werden, aber unterschiedlich lang: Kinder im Kindergartenalter etwa fünf bis zehn Minuten, Schulkinder etwa fünfzehn Minuten. Es kommt natürlich auch auf das Thema an und wie erfinderisch der Übungsleiter oder Vater oder Mutter ist. Nach meiner Erfahrung ist es immer sinnvoll, den Kindern zunächst einmal durch Körperübungen Gelegenheit zu Bewegung und zum Austoben zu geben und erst im Anschluß daran eine meditative Übung anzubieten. Schöne, ruhige, meditative Hintergrundmusik kann die Entfaltung der schöpferischen Phantasie fördern und die meditative Übung unterstützen. Danach haben die Kinder häufig das Bedürfnis, ihr Erlebnis zu verarbeiten. Sie tun dies, indem sie ausführlich darüber sprechen oder indem sie vielleicht ein Bild hierzu malen möchten. Jedes Kind hat seinen ganz eigenen Bezug zu seinem Schatz der eigenen bunten Innenwelt. Manchen Kindern fällt es leicht, darüber zu sprechen oder ein Bild hierzu zu malen. Andere hingegen tun sich schwer. Es ist wichtig, daß der Erwachsene das Kind in seinem inneren Erleben respektiert, auch wenn es sich nicht darüber mitteilen möchte.

1. Wir malen mit dem Atem – Atemmeditation

Die Kinder setzen sich mit geschlossenen Augen hin. Sie atmen ruhig und regelmäßig. Dann stellen sie sich folgendes vor.

a) „Malen mit dem Atem":
Vor ihnen steht eine weiße Leinwand. Mit der ausgeatmeten Luft, die in ihrer Vorstellung jede beliebige Farbe annehmen kann, malen sie nun einen bunten Regenbogen, ihre Lieblingsblume, einen Clown oder ein anderes Bild ihrer Wahl.

b) „Anmalen mit dem Atem":
Vor ihnen steht das Gebäude ihres Wohnhauses (Kindergarten, Schule). Mit ihrer ausgeatmeten Luft malen sie nun das Haus (Kindergarten, Schule) bunt an.

2. Wir stellen uns eine Sonnenblume vor

Die Kinder setzen sich mit geschlossenen Augen hin. Sie atmen ruhig und regelmäßig und stellen sich eine Sonnenblume vor.

a) Konzentrations- und Visualisationsübung:
Die Kinder betrachten sich eine Sonnenblume ganz genau. Sie riechen daran, betasten die zarten gelben Blütenblätter, den harten, festen Stengel und die sattgrünen dicken, weichen Blätter. Es geht darum, daß sie mit allen Sinnen die Blumen intensiv wahrnehmen. Dann schließen sie die Augen und versuchen, die Blume nun mit den „inneren Sinnen" wahrzunehmen, sie zu sehen, zu riechen und zu fühlen.

b) Imaginationsübung:
Jedes Kind bekommt einen Sonnenblumen-

kern. Zunächst wird dieser Kern ganz genau betrachtet.

– *„Schaut euch diesen Sonnenblumenkern ganz genau an. Es gibt ihn nur einmal auf der Welt, so wie wir auch einmalig sind!"*

Die Kinder betrachten, beriechen und betasten ihn. Dann stellen sie sich vor, daß sie den Sonnenblumenkern in der Erde vergraben (an einem Ort ihrer Wahl), ihn liebevoll begießen und pflegen – sie lassen die Blume in ihrer Phantasie wachsen, bis aus dem Kern eine schöne, große Sonnenblume geworden ist.

3. Wir lächeln uns selbst zu – Heilmeditation

Die Kinder setzen sich oder legen sich mit geschlossenen Augen hin. Sie atmen ruhig und regelmäßig und lächeln in ihren Körper hinein. Indem sie eine „Reise" durch alle wichtigen Teile des Körpers machen, lernen sie, ihren Körper gezielt zu entspannen und zu beleben. Stell dir deinen Freund oder deine Freundin vor oder deine Mutter oder deinen Vater oder dein Lieblingsschmusetier. Lege dein liebstes Lächeln in deine geschlossenen Augen und lächle ihm zu, und stell dir auch vor, der (die) andere lächelt zurück. Und nun lächelst du dir selbst zu:

– *„Denke an deine Füße, die dich überallhin tragen, und lächle ihnen zu. Du kannst mit deinem Lächeln deine Füße streicheln und sie dabei mit Licht oder einer schönen Farbe regelrecht anstreichen."*

– *„Dasselbe machst du mit deinen beiden Beinen. Du lächelst sie an und malst sie zugleich mit Licht oder einer Farbe aus."*

– *„Du malst mit dem Licht (Farbe) deines inneren Lächelns den Bauch aus, die Brust und den Rücken."*

– *„Du lächelst in dein Herz, das Tag und Nacht für dich schlägt."*

– *„Du lächelst in die Lunge hinein, in die Schultern und Arme und in die entspannten Hände."*

– *„Du lächelst und entspannst den Kopf und das Gesicht."*

– *„Alles in dir lächelt."*

– Um die Übung zu beenden: *„Und nun konzentriere dich wieder auf deinen Bauch, indem du eine Hand auf den Bauchnabel legst. Atme etwas tiefer in den Bauch hinein. Bewege langsam wieder deine Hände und Füße, recke und strecke dich und öffne deine Augen."*

Wasser neben deinem Gesicht noch ein anderes liebes Gesicht."
– „Du schaust auf, und neben dir steht dein
   kleiner Freund."
– „Er lächelt und winkt dir zu. Er möchte dir
   etwas zeigen und fordert dich auf, mit ihm zu
   kommen."
– „Du hast nun drei Minuten Zeit, um ein Aben-
   teuer mit deinem kleinen Freund zu erleben."
– Nach den drei Minuten: „Und nun ver-
   abschiede dich wieder von deinem kleinen
   Freund. Danke ihm für diese Begegnung. Vielleicht möchtest du ihn noch etwas fragen? –
   Wie er heißt? Oder ob er dir einen Rat mitge-
   ben möchte."
– „Und nun atme etwas tiefer in den Bauch
   hinein. Bewege langsam wieder deine Hände
   und Füße, recke und strecke dich und öffne
   deine Augen."

4. Mein kleiner Freund

Die Kinder setzen oder legen sich mit geschlossenen Augen hin. Sie atmen ruhig und regelmäßig. Dann stellen sie sich vor: Du bist auf einer
wunderschönen grünen Wiese mit vielen bunten Blumen. Du fühlst das warme, weiche Gras
unter dir, du fühlst die angenehme Wärme der
Sonne über dir. Du hörst die Bienen summen
und die Vögel zwitschern. Du riechst den
Duft der Blumen, und irgendwo in der Nähe
plätschert ein kleiner Bach.
– „Du beschließt, zu dem Bach zu gehen, und
   stehst langsam auf."
– „Du gehst langsam auf den Bach zu. Du bist
   barfuß, und mit jedem Schritt fühlst du das
   weiche Gras unter deinen Füßen."
– „Am Ufer des kleinen Baches angekommen,
   setzt du dich nieder und schaust in das Wasser."
– „Im Wasser spiegelt sich dein Gesicht. Aber da
   ist ja noch jemand! Plötzlich siehst du im

5. Wir fliegen mit einem großen, bunten Zauberteppich

Mit dieser Übung können die Kinder nicht nur
üben, ihre Welt oder auch ein Problem „von
oben" zu betrachten, sondern sie können sich
auch einem Ort, vor dem sie Angst haben
(z. B. ein Krankenhaus, die Schule), von ihrem
sicheren „Zauberteppich" aus nähern. Von
oben sieht alles „viel kleiner" aus. So kann
Angst allmählich abgebaut werden.
Die Kinder setzen oder legen sich mit geschlossenen Augen hin. Sie atmen ruhig und regelmäßig. Dann stellen sie sich vor: Du liegst auf
einem fliegenden Teppich. Er ist schön groß
und an der Seite so, daß du nicht hinunter-
fallen kannst. Du kannst dich auch an den
Teppichfransen festhalten, wenn du möchtest.
Und nun geht die Reise mit deinem fliegenden
Teppich los.

„Ganz sacht hebt der Teppich vom Boden ab
und fliegt immer höher und höher."
„Du kannst unter dir euer Wohnhaus sehen."
„Du siehst die Straße und die Menschen auf
der Straße. Du siehst die Autos, deine Nach-
barn, die Tiere und deine Freunde, die zu
deiner Straße gehören. Obwohl du so hoch
über ihnen fliegst und sie so klein sind, kannst
du sie gut sehen."
„Und nun siehst du deine Stadt oder dein
Dorf unter dir."
„Neben dir sind ein paar Wolken, Vögel, die
dich neugierig anschauen."
„Und nun hast du drei Minuten Zeit, um mit
deinem Zauberteppich dahin zu fliegen, wo
du schon immer mal hinwolltest."
„Schau dir alles ganz genau an. Drei Minuten
sind genug Zeit."
Um die Übung zu beenden: „Und nun atme
etwas tiefer in den Bauch hinein. Bewege
langsam wieder deine Hände und Füße, recke
und strecke dich und öffne deine Augen."

6. Eine Welt voll Licht und Frieden – Friedensmeditation

Kinder wissen oft mehr von der Not und dem Leiden in der Welt, als vielen Erwachsenen bewußt ist. Und sie leiden darunter, weil sie nichts oder nur so wenig dagegen tun können. Vielen Erwachsenen ergeht es ebenso. Diese Friedensmeditation macht uns wieder bewußt, daß wir alle Teil dieser Welt sind und daß wir, wenn wir selbst friedlich sind, unseren kleinen Beitrag zum Frieden in der Welt leisten. Der Frieden beginnt in uns!

Die Kinder sitzen im Kreis um eine brennende Kerze. Die Kerze repräsentiert das „Licht des Friedens" oder die „Wärme der Nächstenliebe" und dient als Konzentrationshilfe. Die Kinder sitzen mit geschlossenen Augen. Sie atmen ruhig und regelmäßig und stellen sich folgendes vor:

– *„Schließt eure Augen und denkt an den Frieden."*

– *„Denkt an die Kerze in eurer Mitte."*

– *„Und nun stellt euch vor, ihr nehmt mit jedem Einatmen das Licht der Liebe und des Friedens in euch hinein."*

– *„Ihr füllt euch ganz mit diesem Frieden."*

– *„Und wenn ihr ausatmet, dann schickt ihr eure guten Friedenswünsche in die Welt."*

– *„Einatmend nehmt ihr das goldene Licht des Friedens in euch hinein, und ausatmend schickt ihr goldenes Licht des Friedens in den Raum."*

– *„Ihr fühlt euch ganz ruhig, ganz friedlich, und ihr lächelt."*

– *„Ihr habt so viel Licht und Frieden, daß ihr sie an andere abgeben könnt: an all die anderen Kinder und Erwachsenen in diesem Raum – ihr könnt das ganze Haus mit einer goldenen Wolke des Friedens ausfüllen – ihr könnt diese*

Wolke ausdehnen, so daß sie eure ganze Stadt – ein ganzes Land – die ganze Erde einhüllt."

– *„Wir geben etwas von unserem Frieden ab, und alle Herzen der Menschen werden von diesem goldenen Licht des Friedens erreicht."*

Um die Übung zu beenden: „Und nun atmen wir etwas tiefer in den Bauch hinein, bewegen langsam wieder die Hände und Füße, recken und strecken uns und öffnen die Augen."

Ebenso wie Erwachsene kommen Kinder auf diese Weise mit ihrer eigenen inneren Bilderwelt und ihrem inneren Ort der Ruhe und der Kraft in Kontakt. Sie lernen, daß sie bei und für sich sein können, ohne einsam zu sein. Hieraus schöpfen sie Gesundheit, Entspannung, eine allgemeine Stärkung von Körper und Geist. Zudem werden ihre Konzentrations- und Lernfähigkeit, ihre schöpferische Kreativität und Phantasie gefördert. Im klinischen therapeutischen Bereich werden Phantasiereisen und die Meditation zur Stärkung der körpereigenen Abwehrkräfte eingesetzt. Es gibt auch bereits Schulen, die solche Imaginationsübungen als Lernhilfen einsetzen. Untersuchungen haben ergeben, daß Kinder durch solche Übungen psychisch stabiler und ausgeglichener werden und ein höheres Selbstwertgefühl entwickeln. Sie werden in ihrem Verhalten und im Umgang mit sich und anderen rücksichtsvoller und friedfertiger. Die Meditation und Phantasiereisen fördern die harmonische Entwicklung von Körper und Geist.

6. Komm – wir verwandeln uns in einen Schmetterling

Lebendige meditative Naturerfahrung

Tiere, Pflanzen und andere Erscheinungen aus der Natur sind bevorzugte Motive von Kinderbildern. Auf vielen von Kinderhand gemalten Bildern finden sich Blumen, Schmetterlinge, Wolken, Vögel und andere Tiere. Ich bin davon überzeugt, daß jedes Kind „von Natur aus" naturverbunden ist. Das gilt auch für die Stadtkinder! Die vielen bunten Tierbilder an der Wand, die Kuscheltiere und der Wunsch nach einem kleinen Tier, nach einem Goldhamster, nach einem Hasen, nach einer „richtigen" Katze oder einem „richtigen kleinen" Hund, den man auch in einer engen Stadtwohnung halten kann, sind aussagekräftig genug. Ich glaube nicht, daß es nötig ist, Kindern die Liebe zur Natur anzuerziehen. Wir Erwachsene sollten vielmehr dafür Sorge tragen, den Kindern ihre Liebe zur Natur und ihren Wesen zu erhalten. Viele der in Kapitel 1 bis 3 vorgestellten Körper- und Atemübungen tragen „Tiernamen" oder erinnern zumindest an bestimmte lebendige Wesen und an Vorgänge in der Natur. Wie wir bereits gesehen haben, ist es für Kinder ein leichtes, sich mit einem Tier oder einer Pflanze zu identifizieren und sich so in sie hineinzuversetzen. In den nun folgenden Übungsreihen werden mit den bereits vorgestellten Körper- und Atemübungen Ereignisse und Erfahrungen eines Lebewesens, so wie sie der aufmerksame Tier- und Pflanzenliebhaber beobachten kann, nachgespielt".

Gerade Stadtkinder haben in der Regel nur sehr selten die Möglichkeit, sich im Spiel in der freien Natur als Teil dieser Natur und der Erde zu erfahren. Mittels einer solchen „meditativen Naturerfahrung" holen Sie für sich und die Kinder die Natur ins Haus. Wenn Sie die Kinder auf das Thema einstimmen, achten Sie auf echte Informationen. Die Vorgänge in der Natur sollten also nicht unzulässig verniedlicht oder „vermenschlicht" werden. Im Gegenteil, wenn Sie als Einstimmung zu einer solchen Übungsreihe mit den Kindern über das betreffende Tier, die Pflanze usw. sprechen, seine Lebensgewohnheiten erörtern, dann gestalten Sie eine lebendige, interessante Naturkunde. Gleichzeitig haben die Kinder durch eine solche „geistige Vorbereitung" den Eindruck, selbst aktiv die folgende Übungsreihe mitgestaltet zu haben. Es ist „ihre Reihe"! Vergessen wir nicht: Schon in der Art, wie wir über die Wesen der Natur sprechen oder wie wir den Kindern die Übungen nahebringen, sind wir Vorbilder und legen den Grundstein zu einer respektvollen, liebevollen und heilsamen Beziehung zur Natur.

Ein Tag im Leben eines Kätzchens (Übungsreihe)

Übungen für Kinder ab 3 Jahren

Diese Übungsreihe ist besonders für die kleineren Kinder geeignet. Kleinere Kinder mögen Katzen im allgemeinen sehr gern. Sie lieben ihr weiches Fell, ihre Anschmiegsamkeit und Anmut.

EINSTIMMUNG:
Bevor Sie mit den Körperübungen beginnen, ist es sinnvoll, mit den Kindern (dem Kind) die persönlichen Erfahrungen mit Katzen zu besprechen. Geben Sie den Kindern Zeit und Gelegenheit, ihr Wissen über diese Tiere zu reflektieren und darüber zu sprechen: „Wer von euch hat eine Katze?", „Wie sieht sie aus?", „Was fressen Katzen?" Ermuntern Sie die Kinder, während der Körperübungen die Geschmeidigkeit der Katze nachzuahmen. Sie können den Schwierigkeitsgrad entsprechend dem Alter der Kinder variieren. Die hier vorgeschlagene Übungsreihe spricht die Jüngsten an.

1. Das kleine Kätzchen schläft
Das Kind rollt sich im Fersensitz zusammen. Es berührt vor den Knien mit der Stirn den Boden, das Gesäß ruht auf den Füßen, die Hände liegen entspannt neben den Füßen.

2. Das kleine Kätzchen wird wach
– Es hebt den Kopf, schaut nach vorn und dann hoch.
– Es schaut erst über die rechte, dann über die linke Schulter.
– Dann richtet es sich auf (Vierfüßler).

3. Es reckt und streckt sich
Siehe Kapitel 1, 17. Übung „Geschmeidig wie eine Katze".
– Es streckt die rechte (linke) Vorderpfote weit nach vorn.
– Es streckt das rechte (linke) Hinterbein weit nach hinten.

Kätzchen schläft ...

... wird wach ...

... streckt sich ...

... schlabbert Wasser ...

4. Das Kätzchen schlabbert Wasser

Im Vierfüßler ahmt das Kind eine trinkende Katze nach.

5. Das Kätzchen putzt sich

- Erst die rechte, dann die linke Schulter „sauber ablecken".
- Erst das rechte, dann das linke Knie „sauber ablecken".

6. Das Kätzchen fühlt sich angenehm satt

Das Kind massiert sich im Fersensitz sanft kreisend den Bauch.

7. „Das Kätzchen ruht sich aus"

Siehe Kapitel 8, 3. Übung „Muskelentspannung - Rückenlage".

putzt sich...

...reibt sich den Bauch...

...ruht sich aus.

ABSCHLUSS:

Sie können abschließend mit den Kindern eine Phantasiereise machen, die Sie in Kapitel 5 „Meine bunte Zauberwelt" finden. Eine meditative „Stilleübung" paßt ebenfalls gut zu einer Katze, die naturgemäß als Mäusejäger sehr lange sehr ruhig vor einem Mauseloch verweilen kann. Siehe Kapitel 4, 11. Übung „In die Stille lauschen". Ein Märchen oder eine Geschichte, in der eine Katze die Hauptrolle spielt, kann diese Übungsreihe ebenfalls gut abrunden.

> *Da die meisten Körperhaltungen und Bewegungen im Vierfüßler ausgeführt werden, fördert diese Übungsreihe eine gesunde Körperhaltung, indem sie die Rückenmuskulatur, die Arme und Handgelenke stärkt.*

WEITERE VORSCHLÄGE:

Die Übungsreihe kann erweitert werden. Anregungen: Die Katze wacht auf (wie oben) und geht dann spazieren. Hier trifft sie auf weitere Tiere (Schmetterling, Kobra usw.). Oder sie geht in einen Zoo und besucht die Tiere (Löwe, Tiger, Kamel usw.), oder sie geht in einen Zirkus und begegnet verschiedenen Artisten oder einer „Zirkuskatze". Die in den vorhergehenden Kapiteln vorgestellten Körperübungen, Atemübungen und Gleichgewichtshaltungen lassen sich in solch einer Geschichte gut unterbringen. Auf diese Weise wird die Übungsreihe etwas anspruchsvoller und so auch für ältere Kinder interessant. Achten Sie aber darauf, daß sowohl die Anzahl als auch der Schwierigkeitsgrad der Übungen altersgemäß sind. Kein Leistungsdruck!

Die Geschichte einer Raupe (Übungsreihe)

Übungen für Kinder aller Altersgruppen

In dieser Reihe werden die Kinder zu einer Raupe, die sich langsam in einen Schmetterling verwandelt. Das Schöne an dieser Reihe ist, daß Kindern auf diese Weise auch einmal Tiere, nämlich Insekten, nahegebracht werden, die für gewöhnlich nicht zu den beliebtesten zählen. Im Gegenteil, Raupen, Spinnen, Fliegen usw. sind häufig Quälereien ausgesetzt. Ein Kind, das begreift, daß aus einer weniger schönen Raupe ein wundervoller Schmetterling werden kann, sensibilisiert sich für diese Lebewesen. Es erkennt, daß jedes Tier, jede Pflanze, jedes Insekt Schmerzen empfinden kann, daß sie alle geliebt sein wollen und ein Lebensrecht haben.

EINSTIMMUNG:
Sprechen Sie mit den Kindern über ihr Verhältnis zu Insekten. Gute Informationen darüber, wovon sich Raupen und Schmetterlinge ernähren, daß diese häufig sogenanntes „Unkraut" oder auch Wald- und Wiesenblumen als Futterquelle benötigen, sind ein wichtiger Beitrag zum Naturschutz. Je nach Altersgruppe können hierfür Märchen, Geschichten oder Naturkunde als Einstimmung genutzt werden.

1. Die kleine Raupe schläft in ihrem Ei
Das Kind rollt sich im Fersensitz zusammen. Es berührt vor den Knien mit der Stirn den Boden, das Gesäß ruht auf den Füßen, die Hände liegen entspannt neben den Füßen.

2. Die kleine Raupe befreit sich aus ihrem Ei
– Aus dieser zusammengerollten Haltung streckt das Kind beide Arme nach vorn aus und „krabbelt" mit den Händen zunächst so weit wie möglich nach vorn.
– Dann krabbelt es mit den Händen erst nach rechts, dann nach links.

3. Die kleine Raupe ruht sich aus
In der Bauchlage lang ausgestreckt ausruhen.

4. Die kleine Raupe schaut sich neugierig um
Siehe Kapitel 1, 18. und 20. Übung „Sphinx" und „Kobra".

5. Sie bewegt sich wie eine Raupe
Siehe Kapitel 1, 19. Übung „Eine kleine Raupe".

6. Aus der Raupe ist ein bunter Schmetterling geworden. Er befreit sich aus seinem Kokon
Das Kind richtet sich langsam auf, gähnt, reckt und streckt und dehnt sich und streift sich die vorgestellte Haut ab.

7. Der Schmetterling glättet seine Flügel
– Im aufrechten Schneidersitz umfaßt das Kind mit der rechten Hand den rechten Fuß (danach mit der linken Hand den linken Fuß) und dehnt das rechte Bein nach vorn und hoch.
– Es nimmt die Arme in Schulterhöhe. Einatmend führt es die Arme weit zur Seite. Ausatmend führt es die Arme in Brusthöhe vor dem Körper zusammen, bis sich die Handflächen berühren. Diese Atemübung wird etwa vier- bis fünfmal ausgeführt.

8. Ein schöner bunter Schmetterling
Siehe Kapitel 1, 12. Übung „Ein bunter Schmetterling".
– Der Schmetterling breitet seine Flügel weit aus.
– Er bewegt seine Flügel.
– Er ruht sich aus.

9. Alles ruht sich aus
Siehe Kapitel 8, 3. Übung „Muskelentspannung – Rückenlage".

ABSCHLUSS:
Vielleicht eine der Phantasiereisen, die Sie in Kapitel 5 „Meine bunte Zauberwelt" finden?

> *Diese Übungsreihe fördert eine gesunde Körperhaltung.*

Wir lassen eine Blume wachsen (Übungsreihe)

Übungen für Kinder aller Altersgruppen

Diese Übungsreihe ist für die kleineren Kinder, aber auch für Schulkinder geeignet. Hier können sich die Kinder innerlich für das Leben dieser stillen Lebewesen sensibilisieren. Sie können auf spielerische Weise einen einfühlsamen Umgang mit den Bäumen, Blumen und Pflanzen erlernen. Selbst ein „wilder Watz" kann sich als phantasievoller, liebevoller Gärtner entpuppen, auch wenn der Garten nur die Ausmaße eines Blumentopfes hat.

Bevor Sie mit den Körperübungen beginnen, ist es sinnvoll, mit den Kindern (dem Kind) die eigenen persönlichen Erfahrungen mit Blumen und Bäumen zu besprechen:

– *„Was ist deine Lieblingsblume?"*
– *„Wie sieht der Entwicklungsgang eines Baumes (einer Blume) im Wechsel der Jahreszeiten aus?"*
– *„Wozu brauchen wir die Pflanzen?"*
– *„Wozu Christbäume?"*
Überlegungen anstellen:
– *„Welche Blume, welchen Baum möchte ich jetzt wachsen lassen?" usw.*

1. Das kleine Samenkorn schläft in der Erde

Das Kind liegt auf dem Rücken. Beide Beine sind angewinkelt, und mit den Händen zieht es die Knie fest an den Bauch.

2. Es wird wach

Siehe Kapitel 1. 21. Übung „Rückenschaukel".

3. Als kleines Blümchen schaut es frech über die Erde

Das Kind kommt aus der „Rückenschaukel" hoch in den aufrechten Sitz und schaut sich um. Es dreht den Kopf nach rechts und nach links, schaut hoch und nach unten.

4. Es reckt seine Blätter der Sonne entgegen

Siehe Kapitel 1, 14. Übung „Segelboot – Seit-drehung".

5. Die Blume atmet

Siehe Kapitel 3, 9. Übung „Die atmende Blume", a) bis c).

6. Sie wird von einem Schmetterling besucht

Siehe Kapitel 1, 12. Übung „Ein bunter Schmet-terling".

- Der Schmetterling breitet seine Flügel weit aus.
- Er bewegt seine Flügel.
- Er ruht sich aus.

7. Es ist Abend, und alle Menschen, Tiere und Pflanzen ruhen sich nun aus

Siehe Kapitel 8, 3. Übung „Muskelentspannung – Rückenlage".

ABSCHLUSS:

Sie können abschließend mit den Kindern eine Phantasiereise machen. Wandern Sie mit den Kindern über eine phantastische Wiese mit vielen bunten, herrlich duftenden Blumen. Vielleicht begegnet ihnen dann ja auch eine „kleine Blumenfee" oder ein anderer „kleiner Freund"? Siehe Kapitel 5 „Meine bunte Zauber-welt".

> *Diese Übungsreihe hat eine sehr meditative Komponente. Die Kinder stimmen sich inner-lich auf einen ruhigen und regenerierenden Vorgang in der Natur ein, und so wirkt auch diese Übungsreihe beruhigend und regene-rierend auf den Körper und das Nerven-system.*

Die wundersame Nacht (Übungsreihe)

Übungen für Kinder von 4 – 9 Jahren

In einem einführenden Gespräch werden die Kinder befragt, ob sie sich vorstellen können, daß ihre Kuscheltiere oder ihre Puppen (Playmobilmännchen) nachts zum Leben erwachen und sich bewegen können. Die Kinder überlegen sich, was ihre Kuscheltiere dann vielleicht so alles tun würden.

1. Es ist Nacht, und die Kinder schlafen

Die Kinder legen sich auf den Rücken und setzen ihr Kuscheltier auf den Bauch (siehe Kapitel 3, 1. Übung „Kuscheltieratmung – Bauchatmung").

2. Die Kuscheltiere werden wach
Siehe Kapitel 1, 8. Übung „Zwei Baumstämme".
Die Kinder werden nun zu Kuscheltieren, die
sich in der Rückenlage recken, strecken und
gähnen. Dann rollen sie vom Rücken über die
Seite auf den Bauch und wieder zurück (2 x).
Die Arme sind dabei lang über den Kopf
gestreckt, Handflächen liegen aneinander.
Sie bleiben auf dem Bauch liegen.

4. Ein Stoffkätzchen schläft noch
Ausgangshaltung ist der Fersensitz. Die Kinder
rollen sich so zusammen, daß der Kopf mit der
Stirn den Boden vor den Knien berührt. Der Po
ruht auf den Fersen, die Hände liegen neben
den Füßen.

5. Das Stoffkätzchen wird nun auch wach
Es hebt den Kopf, schaut nach vorn und dann
hoch. Dann schaut es erst über die rechte,
dann über die linke Schulter. Dann richtet es
sich zum Vierfüßler auf. „Ja, da sind noch mehr
Stofftiere. Und alle sind hellwach!"

**3. Eine zusammengerollte Stoffschlange
erwacht und sieht sich um**
Siehe Kapitel 1, 20. Übung „Kobra".
In der Kobrahaltung langsam erst nach rechts
und dann nach links schauen. Wer ist denn
noch alles da?

6. Ein kleiner Tiger

Siehe Kapitel 1, 15. Übung „Wie ein Tiger vor dem Sprung".

7. Eine kleine Primaballerina

– Eine Tanzpuppe reckt und streckt sich im Stand nach oben.
– Dann wärmt sie sich auf, indem sie sich nach rechts und dann nach links beugt. Kapitel 1, 9. Übung „Der Halbmond".
– Dann dreht sie auf einem Bein ihre Pirouette (siehe Kapitel 2, 6. Übung „Ruhig und im

Gleichgewicht wie ein Baum" oder 7. Übung „Wie eine Primaballerina").

8. Zwei Playmobilmännchen führen ihre Kunststücke vor

– Immer zwei Kinder nehmen sich an die Hand und probieren aus, wie sich wohl Playmobilmännchen mit steifen Armen und Beinen for bewegen.
– Dann üben sie abwechselnd die Standwaage Siehe Kapitel 2, 8. Übung „Standwaage".

9. Jetzt wollen der Tiger und die kleine Stoffkatze aber auch noch ein Kunststück vorführen
Siehe Kapitel 2, 9. Übung „Zirkuskatzen".

10. Der Morgen graut, aber bevor sich die Stofftiere, Puppen und Playmobilmännchen wieder zurückverwandeln, setzen sie sich noch einmal zusammen
Die Palaversitzhaltung: Die Kinder gehen so in eine Hockstellung, daß die ganzen Füße den Boden berühren.

11. Alles ruht sich aus
Siehe Kapitel 8, 1. Vorübung „Schwer wie ein Bär" und 2. Übung „Kuscheltieratmung".
Die Kinder legen sich wieder auf den Rücken, und die Kuscheltiere ruhen wieder auf ihrem Bauch. In einer Art Traumreise erinnern sie sich noch einmal an die Stoffschlange, das Stoffkätzchen, den kleinen Tiger, die Tanzpuppe, die Playmobilmännchen und ihre Kunststücke. Wenn sie erwachen, sich recken und strecken und dehnen, dann wird klar: „Alles war nur ein Traum!"

> *Da in dieser Übungsreihe viele Gleichgewichtshaltungen geübt werden, ist diese Reihe nur für bereits geübte Kinder geeignet. In der Art, wie hier die verschiedensten Haltungen zusammengefaßt werden, bietet sich eine gute Möglichkeit, bereits Gelerntes zu wiederholen und zu vertiefen.*
> *Der therapeutische Wert dieser Übungen liegt im wesentlichen in der Stärkung der Rückenmuskulatur, in der Verbesserung der allgemeinen Körperhaltung und in der Förderung von Konzentration und Gleichgewicht.*

die „Palaversitzhaltung"

7. Wir spielen, singen und tanzen
Bewegungs-, Tanz- und Singspiele

Kinder sind gern in Bewegung. Sie leben, lernen und entfalten sich darin. Bewegungsspiele und rhythmische Tanz- und Singspiele fördern im Kind die elementare Freude an der unmittelbaren spontanen, kreativen Bewegung. Es kann sich im freien Spiel an der „langen Leine" austoben und gleichzeitig lernen, sich an bestimmte Spielregeln zu halten. Es ist manchmal sinnvoll, diese Bewegungsspiele und Lieder den Kindern vor den meditativen Übungen

anzubieten. Danach sind sie ruhiger und konzentrierter und können sich leichter auf anspruchsvollere Übungen einlassen. Wenn es sich im Rhythmus eines Liedes bewegt oder tanzt, lernt es Bewegung, Sprache und seinen eigenen zutiefst inneren Ausdruck miteinander in Übereinstimmung zu bringen. Seine Erlebnisfähigkeit und Ausdruckskraft wird hierdurch gefördert und gestärkt.

Komm, ich verzaubere dich in ...
Bewegungsspiele für Kinder aller Altersgruppen

Die folgenden Bewegungsspiele sind eine gute Ergänzung zu den bereits vorgestellten Körperübungen. Die „wilderen, dynamischen" Spiele eignen sich besonders, um die Kinder zunächst einmal austoben zu lassen. Kinder, die voller Anspannung und Streß sind, sind nicht aufnahmefähig. Im Gegenteil: Sie gleichen einem vollen Korb, in den beim besten Willen nichts mehr hineingeht. Aus diesem Grund brauchen sie ein Ventil, um ihre Spannungen „laut und wild" abzulassen.

1. Mal laut und wild – mal leise und ganz sanft

Ich nenne dieses Spiel auch gern das „Polaritätsspiel", weil die Kinder abwechselnd verschiedene gegensätzliche Eigenschaften ausleben. Sie fordern die Kinder auf, im Kreis um Sie her-

umzulaufen. Jedes Kind wählt sein eigenes
Tempo, entscheidet selbst, ob es seine Kreise
dicht beim Erwachsenen oder lieber am äußeren Rand zieht.

Gemäß den Anweisungen „verwandelt" sich
das Kind in einen „großen, schweren Elefanten"
und dann in einen „kleinen, leichten Schmetterling"; oder es wird zuerst zu einer „lauten,
schnellen Rakete" und dann zu einem „leisen,
schwebenden Luftballon"; oder es spielt zunächst einen „großen Riesen" und dann einen
„kleinen Zwerg". Die Eigenschaftswörter sind
hierbei sehr wichtig. Es muß dem Kind bewußt
werden, daß es sich nicht nur in einen Riesen,
sondern eben in einen „großen" Riesen verwandelt oder in einen „kleinen" Zwerg. Die Art,
wie es selbst innerhalb dieser Anweisungen
„seinen" Riesen, Zwerg, Elefanten, Schmetterling
usw. auslebt, bleibt dem Kind überlassen.

2. Hampelmann und Hampelfrau

Die Kinder stehen im Kreis. Die Arme sind
hoch über dem Kopf ausgestreckt. Und nun
hüpfen sie wie ein Hampelmann auf der Stelle.
Wenn sie die Beine auseinander nehmen, sind
auch die Arme V-förmig über dem Kopf. Wenn
sie die Füße schließen, dann klatschen sie die
Handflächen über dem Kopf aneinander.

*Diese beiden Spiele sind in der Regel sehr
dynamisch. Die Kinder laufen oder hüpfen
oft sehr schnell, so daß sich diese Spiele
gut zum „Austoben" zu Beginn der Stunde
eignen.*

*Das „Polaritätsspiel" erlaubt eine Art von Be-
standsaufnahme. Der Übungsleiter bekommt
einen unmittelbaren Eindruck von dem
momentanen Zustand des einzelnen Kindes
und der Gruppe: Kleinere Kinder oder Kinder,
die eher ängstlich, zu ruhig, introvertiert und
schüchtern sind, neigen dazu, kleine Kreise
dicht um den Erwachsenen zu ziehen, so als
suchten sie unbewußt Halt und Schutz. Grö-
ßere Kinder, die über mehr Selbstbewußtsein
verfügen, schaffen sich ihren Erfahrungs- und
Spielraum am äußeren Rand des Kreises. Manchen Kindern fällt es schwer, „laut und wild"
zu sein, andere haben Angst davor, „klein
gemacht" zu werden. Ich bin davon überzeugt, daß jedes Kind von Natur aus instinktiv
darauf angelegt ist, sich zu einer ausgewogenen und „runden" Persönlichkeit zu entwik-
keln. Aus Erfahrung weiß ich, daß, wenn man
Kindern dieses Polaritätsspiel immer wieder
anbietet, sie alle irgendwann gut „laut und
wild, leise und klein" sein können.*

3. Schneemannspiel

Die Kinder stehen im Kreis. Sie sind die Schnee-
männer. Ein Kind befindet sich in der Kreismitte.
Es macht sich ganz klein. Es ist die Sonne, die
noch schläft.
Und dann geht die Sonne ganz langsam auf.
Das Kind richtet sich langsam auf und streckt
dabei die Arme seitlich weit über den Kopf.

Das sind die Sonnenstrahlen. Und was geschieht mit den Schneemännern? Sie schmel-
zen! Sie werden immer kleiner und kleiner, bis
sie nur noch ein kleiner Schneehaufen sind,
bis alle Kinder sich ganz klein zusammengekau-
ert haben. Und wenn die Sonne ihre Arbeit
getan hat, dann geht sie wieder schlafen. Das
Kind in der Kreismitte macht sich ganz klein.

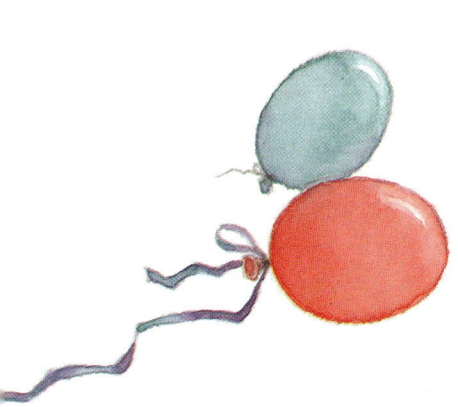

5. Ich bin dein Spiegel

a) Partnerübung:

Zwei Kinder stehen sich gegenüber und schauen sich an. Das eine macht nun eine Bewegung, und das andere versucht, diese sofort „wie ein Spiegel" mitzumachen.

b) Partnerübung:

Der Spiegel ist nun ein „Zauberspiegel", der die Bewegungen „vergrößert" oder „verkleinert", „abrundet" oder „eckiger" macht oder „spiegel-verkehrt" wiedergibt.

4. Wir verwandeln uns in einen Luftballon

Die Kinder bilden einen Kreis und gehen in die Hocke. Sie sind die Luftballons. In der Kreismitte steht ein weiteres Kind.

a) Luftballon aufblasen:

Mit einem rhythmischen „ff-ff-ff-ff" pustet das Kind die anderen Luftballons auf, bis diese aufrecht, mit gegrätschten Beinen und mit V-förmig über den Kopf ausgestreckten Armen, vor ihm stehen.

b) Luft aus dem Luftballon herauslassen:

Mit einem sanften, kontinuierlichen „sch..." läßt das Kind in der Mitte die Luft wieder aus den Luftballons heraus. Die Kinder sinken langsam in sich zusammen mit einem leisen „sch...".

c) Variante:

In einer Variante werden die Luftballons aufgepustet, indem sich die Kinder langsam aufrichten, größer und größer werden, und gleichzeitig vergrößern sie auch den Kreis, indem sie sich langsam nach hinten außen bewegen. Wenn alle Luftballons aufgeblasen sind, dann lassen sie sie mit einem lauten „Peng" und allen möglichen Tönen ganz einfach platzen.

6. Marionette

Alle Kinder stehen im Kreis. Die Beine sind
leicht gegrätscht, die Arme sind V-förmig über
dem Kopf. Sie sind eine Marionette, die an
ihren Fäden hängt. Und nun kommt ein Kind
und schneidet die imaginären Fäden ab.

a) Fäden abschneiden:
Es beginnt mit den Fäden an der rechten, dann
an der linken Hand. Die Arme hängen nun lok-
ker an den Seiten. Das Kind schneidet den
Faden vom Kopf ab, die Marionette läßt den
Kopf hängen. Es schneidet den Faden der
Schulter ab, die Marionette beugt sich vor. Es
folgen die Fäden vom Po und von den Knien,
bis die Marionette zusammengerollt am Boden
liegt.

b) Fäden anbinden:
Die Fäden werden nun wieder angebunden. In
logischer Reihenfolge: erst am Kopf, dann an
den Schultern, an den Händen, am Po und
schließlich an den Knien, bis die Marionette
wieder so dasteht wie am Anfang.

c) Die Kinder experimentieren:
– „Was passiert, wenn ich die Fäden in unlogi-
   scher Reihenfolge durchschneide?"
So wird vielleicht zuerst der Faden vom rechten
Knie durchgeschnitten, dann der der linken
Hand usw. Ein Kind gibt die Anweisungen
hierzu, die anderen probieren aus.

d) Die Kinder experimentieren:
– „Was passiert, wenn ich die Fäden in unlogi-
   scher Reihenfolge anbinde?"
So wird vielleicht zuerst der Faden der rechten
Hand angebunden. Dann der vom linken Knie
usw. Ein Kind gibt die Anweisungen, die anderen probieren aus, ob sie so überhaupt hoch in
den aufrechten Stand kommen können.

e) Präzise Anweisungen:
Die Kinder versuchen, so präzise Anweisungen
zu geben, daß sie bestimmte Körperhaltungen
einnehmen. Je älter die Kinder sind, desto
größer ist die Experimentierfreude, aber auch
desto entwickelter sind der Sinn und das
Wissen um eine logische Bewegungsabfolge.

Die Spiele 3 bis 6 sind meditativer Art. Sie verlangen Aufmerksamkeit und Konzentration. Das „Schneemannspiel" gestattet dem Kind in der Mitte eine einzigartige Erfahrung: Es selbst wird immer größer, und die anderen um es herum werden immer kleiner und kleiner! Man muß das Leuchten in den Augen eines sonst vielleicht eher ängstlichen oder zurückhaltenden Kindes gesehen haben, um überhaupt nur zu erahnen, wie wichtig diese Erfahrung für ein solches Kind ist. Umgekehrt lernen Kinder, die ansonsten nicht gern nachgeben, daß es nicht „gefährlich" ist, auch einmal klein zu werden.

Das „Marionettenspiel" und der „Spiegel" sind ebenfalls sehr beliebt. Die Kinder können hier bewußt motorische Bewegungsabläufe beobachten und reflektieren. Auf diese Weise wird nach und nach ein gutes Körpergefühl und die damit verbundene Selbstsicherheit erzielt. Im „Luftballonspiel" werden Bewegung und Atmung gezielt miteinander verbunden. Das rhythmische „ff-ff-ff" hat eine insgesamt anregende Wirkung auf den Organismus. Dies wird durch das Anwachsen des Luftballons sichtbar umgesetzt. Das sanfte „sch" wirkt beruhigend, der Luftballon sinkt in sich zusammen.

Rhythmus in Händen und Füßen

Bewegte Lieder für Kinder aller Altersgruppen

Wohl jedes Kind liebt die Musik! Und viele Kinder setzen Lieder oder Melodien ganz spontan in rhythmisches Klatschen, in Tanzbewegungen, Mitpfeifen oder Mitsummen um. Ihre vitale Lebensfreude darf hier zum Ausdruck kommen.

Die folgenden Lieder mit Spielvorschlägen sind eine gute Ergänzung zu den bereits vorgestellten Körperübungen. Sie können das „Thema" der Stunde vorbereiten, unterstreichen und besonders hervorheben.

1, 2, 3 im Sauseschritt

Text: Lore Kleikamp
Musik: Detlev Jöcker
© Menschenkinder Verlag, Münster

1, 2, 3 im Sau-se-schritt ge-hen al-le Kin-der mit. Der/Die

Die Kinder gehen in einer Reihe vorwärts ...

(Namen einsetzen) .... ist nun an der Reih' und läuft an uns vor-bei.

Das letzte Kind in der Reihe läuft nach vorn und wird zum Anführer der Reihe ...

Bük-ken, strek-ken, rund-um-drehn,

Die Kinder führen die genannten Bewegungen aus ...,

vier-mal klat-schen, stamp-fen, stehn.

dann beginnt das Lied von neuem ...

Guten Morgen, liebe Leute

Text: Rolf Krenzer
Musik: Siegfried Fietz
© Abakus Schallplatten &
Ulmtal Musikverlag, Greifenstein

Gu - ten Mor - gen, lie - be Leu - te. Sagt, sind denn auch heu - te

Die Kinder verbeugen sich kurz. Die Beine (Hände, Finger) werden bewegt,

eu - re Bei - ne schon wach? Seht lie - ber mal nach!

bis die Strophe zu Ende ist... .

Seht mal nach! Seht mal nach! Ja, die Bei - ne sind wach!

Seht mal nach! Seht mal nach! Ja, die Bei - ne sind wach!

Wenn ich mir was wünschen darf

Überliefert

Hoch am Him - mel, tief auf der Er - de, ü - ber - all ist

Die Kinder recken sich hoch, und sie bücken sich und klopfen   *sie drehen sich mit weit*
mit der flachen Hand auf den Boden,

Son - nen - schein. Wenn ich mir was wün - schen darf,

ausgestreckten Armen im Kreis.   *Die Kinder stellen nun ihr Tier (Katze, Hund, Frosch . . .) dar*

dann möcht ich gern ein   *(Tiernamen einsetzen)*   . . . . sein.

und ahmen die Tierlaute in der Liedmelodie nach . . .

Deine Welt ist meine Welt

Text: Rolf Krenzer
Musik: Detlev Jöcker
© Menschenkinder Verlag, Münster

G   C   D   G   D

Dei-ne Welt   ist   mei-ne Welt.   Ich   brau-che sie zum   Le - ben.

Die Kinder breiten   sie legen beide Hände   Die Hände und die angewinkelten Arme
Arme und Hände   flach auf die Brust.   werden seitlich ausgebreitet.
nach vorn aus,

G   C   D   G

Mei-ne Welt   ist   dei-ne Welt,   die du mir ge - ge - ben, daß ich

Die Kinder legen   Die Kinder breiten   Die   Kinder   nehmen   sich
beide Hände   Arme und Hände
flach auf die Brust. nach vorn aus.

Am   D   G   Am   D   G

al - le Jah-re sie be - wah-re, daß ich al - le Ta-ge Sor-ge tra - ge, daß sie

an   der   Hand   und   gehen   im   Takt   im   Kreis . . .

C   G   C   D   G   C D

das   be - hält,   was   dir und mir ge - fällt.   Dei - ne   Welt!

Die Kinder bleiben stehen
und nehmen die Arme hoch.

Das wiederholt sich bei den anderen Strophen:

2. Deine Welt ist meine Welt . . .
   daß ich sie gut pflege,
   sorgsam hege,
   daß ich sie gut nutze,
   nicht beschmutze,
   daß sie das behält,
   was dir und mir gefällt!
   Deine Welt!

3. Deine Welt ist meine Welt...
    daß ich auf dich höre,
    nichts zerstöre,
    und mich ihr verpflichte,
    nichts vernichte,
    daß sie das behält,
    was dir und mir gefällt!
    Deine Welt!

4. Deine Welt ist meine Welt...
    daß ich alle Jahre,
    sie bewahre,
    daß ich alle Tage,
    Sorge trage,
    daß sie das behält,
    was dir und mir gefällt!
    Deine Welt!

Viele kleine Leute

Musik: Detlev Jöcker
© Menschenkinder Verlag, Münster

Vie - le klei - ne Leu - te an vie - len klei - nen

Jedes Kind zeigt auf sich . . . , jedes zeigt auf verschiedene Orte

Or - ten, die vie - le klei - ne Schrit - te tun,

um sich herum; die Kinder fassen sich an den Händen und gehen kleine Schritte vorwärts.

kön - nen das Ge - sicht der Welt ver - än - dern.

Alle formen mit den Händen und Armen eine Sonne und gehen dann wieder zurück.

> *Wenn das Kind sich im Rhythmus eines Liedes bewegt oder tanzt, lernt es Bewegung, Sprache, Takt, und seinen eigenen zutiefst inneren Ausdruck miteinander in Übereinstimmung zu bringen. Es lernt, sich in vollem Umfang sinnlich, musikalisch, kreativ zu fühlen, zu hören, zu denken, zu bewegen und voll Freude darin zu leben.*

8. Wir ruhen uns aus
Ruhe- und Entspannungsübungen

Ruhe- und Entspannungsübungen ermöglichen eine tiefgreifende Entspannung und Regenerierung des Körpers, der Muskulatur und der Zellen, als auch eine seelisch-geistige Erholung. Als Abschluß einer Übungsstunde oder Übungsreihe bilden sie den ruhevollen Gegenpol zu den aktiven körperlichen Übungen. Es erfolgt ein Wechsel von den aktiven Bewegungen zur Ruhe und Entspannung. Die durch die körperlichen Übungen gewonnene Lebenskraft und Lebensfreude wird nun bewußt nach innen gelenkt und dem gesamten Organismus zur Verfügung gestellt. Das bewußte Lenken der

Aufmerksamkeit und Wahrnehmung nach innen verhilft den regenerierenden und heilenden Impulsen der vorangegangenen Übungen erst zu ihrer besonderen Tiefe. Wohlbehagen und Zufriedenheit breiten sich aus und wirken als natürliche Heilkräfte. Aus diesem Grund sollte eine Schlußentspannung nie fehlen! Das Ziel dieser Entspannungsübungen sind ein entspannter Körper und ein wacher und ausgeruhter, klarer Geist. Es kann aber gerade am Anfang durchaus passieren, daß ein Kind oder auch mehrere während dieser Übungen einschläft. Lassen Sie sie schlafen!

In mir ist Ruhe und Kraft
Ruhe- und Entspannungsübungen für Kinder ab 3 Jahren

Die folgenden Ruhe- und Entspannungsübungen können als Einstimmung und Vorbereitung auf die körperlichen Übungen genutzt werden, als Vorübung und Übergang zur Meditation und zu Phantasiereisen, als Schlußentspannung am Ende einer Übungsstunde und auch für sich alleine.

1. Schwer wie ein Bär – Vorübung

Das Kind liegt entspannt auf dem Rücken. Der Kopf liegt in der Mitte, der Nacken ist leicht gedehnt. Die Hände liegen locker an den Seiten, die Handinnenflächen zeigen nach oben. Die Beine sind lang ausgestreckt. Auch die Füße sind entspannt, die Fußspitzen fallen locker nach außen.

Und nun hebt das Kind zunächst das lang ausgestreckte rechte Bein an.

– „Puh, ist das aber schwer!"

Es legt das Bein wieder auf den Boden ab.

– „Wir legen das Bein schlafen!"

Dasselbe wiederholt es mit dem linken Bein, dann mit beiden Armen gleichzeitig und zuletzt mit dem Kopf.

Wenn es seine Beine, Arme und den Kopf „schlafen gelegt" hat, dann macht es die Augen zu und bleibt ruhig und entspannt liegen.

Diese Übung ist als „Vorübung" zu den anderen Ruheübungen gut geeignet! Vor allem bei kleineren Kindern ist es ratsam, sie erst einmal die Schwere spüren zu lassen; dann alles, was sie mit Bewegung und geistiger und körperlicher Unruhe verbinden, „schlafen legen", bevor man zu den folgenden Übungen übergeht.

2. Kuscheltieratmung – Bauchatmung
Siehe Kapitel 3, 1.Übung.

a) „Kuscheltieratmung":
Das Kind liegt entspannt auf dem Rücken. Auf seinem Bauch ruht ein Kuscheltier (Teddybär). Da sich im Atemrhythmus die Bauchdecke hebt und senkt, wird das Kuscheltier sanft auf und ab geschaukelt.

- „Wie fühlt sich dein Kuscheltier, wenn es so schön sanft geschaukelt wird? Meinst du, es gefällt ihm?"
- „Und du, fühlst du dich auch so ruhig und wohl wie dein Kuscheltier?"
- „Vielleicht könnt ihr beide sogar so einschlafen?"

b) „Bauchatmung":
Das Kind liegt entspannt auf dem Rücken. Seine Hände liegen rechts und links vom Bauchnabel auf dem Bauch. Es spürt unter seinen Händen, wie sich beim Einatmen die Bauchdecke hebt und ausatmend senkt. Die Hände geben den Atembewegungen des Bauches elastisch nach.

- „Fühlst du, wie schön warm sich dein Bauch unter deinen Händen anfühlt?"
- „Kommt der Atem im Bauch an?"

> Atmung und Emotion wirken zusammen. Diese Tatsache macht man sich bei der „Kuscheltieratmung" und bei der „Bauchatmung" zunutze. Wenn das Kind ruhig atmet, entspannt es sich, wird es insgesamt ruhiger. Gleichzeitig werden das Kuscheltier oder die Hände im Atemrhythmus sanft geschaukelt. Kinder assoziieren mit Schaukelbewegungen in der Regel angenehme Gefühle der Geborgenheit und Sicherheit, und die übertragen sich nun. Natürlich fühlen sich Kuscheltier und Hände wohl, wenn sie so schön geschaukelt werden! Diese kindliche Gewißheit wirkt sich wiederum beruhigend auf das Kind selbst aus und verstärkt das bereits vorhandene Ruhe- und Entspannungsempfinden noch mehr. Es hat sich oft gezeigt, daß Kinder diese Atem- bzw. Entspannungsübungen zu Hause selbsttätig anwenden. Wenn sie beispielsweise nachts aufwachen und Angst haben, verschaffen sie sich mit diesen Übungen wieder das Gefühl von Ruhe und Geborgenheit.
> Da bei dieser Form der „Bauchatmung" das Zwerchfell besonders tätig wird, erfahren die gesamten Bauchinnenorgane eine Art Massage, eine verstärkte Durchblutung, Kräftigung und Funktionsstärkung.
> Wie bei allen Ruheübungen werden das zentrale und das vegetative Nervensystem positiv stimuliert. Nervöse Störungen können so allmählich beseitigt werden.

Wir machen eine Reise durch den Körper

Ruhe- und Entspannungsübungen für Kinder von 6 – 9 Jahren

**3. Wir machen eine Reise durch den Körper –
bewußte Muskelentspannung nach „Jacobsen"**

a) Rückenlage:

Das Kind liegt entspannt auf dem Rücken. Der Kopf liegt in der Mitte, der Nacken ist leicht gedehnt. Die Hände liegen locker an den Seiten, die Handinnenflächen zeigen nach oben. Die Beine sind lang ausgestreckt. Auch die Füße sind entspannt, die Fußspitzen fallen locker nach außen. Das Kind spürt sich zunächst:

– in die Auflageflächen der Fersen ein, dann spannt es einatmend die Füße an: „Zehen Richtung Kopf ziehen!", und ausatmend entspannt es die Füße wieder. Noch einmal wiederholen.

Es wandert über die Fußknöchel die Beine hinauf. Es spürt:

– die Auflagefläche der Waden
– die Kuppel der Knie
– die Auflagefläche der Oberschenkel
– es wandert hoch zum Gesäß, und dann spannt es einatmend die Gesäßmuskulatur an: „Po zusammenkneifen", und ausatmend entspannt es wieder. Noch einmal wiederholen.

Es wandert mit dem Bewußtsein den Rücken hinauf, spürt, welche Teile des Rückens den Boden berühren und welche nicht. Es spürt:

– die Schulterblätter
– es wandert weiter zu den Händen, und dann ballt es einatmend die Fäuste, und ausatmend läßt es wieder los. Noch einmal wiederholen.

Es wandert mit dem Bewußtsein die Arme hinauf, spürt

– die Auflagefläche der Unterarme
– den leichten Knick der Ellenbogen
– die Oberarme
– die Rundungen der Schultern, und einatmend zieht es die Schultern hoch, Richtung Ohren, und ausatmend läßt es die Schultern wieder sinken. Noch einmal wiederholen.

Es geht mit dem Bewußtsein in das Gesicht, und

– einatmend zieht es eine Grimasse, ausatmend entspannt es das Gesicht wieder. Noch einmal wiederholen.

Es beobachtet nun seinen Atem, wie er kommt und geht:

– wie er durch die Nase ein- und ausströmt
– durch den Mund und Rachenraum in die Lunge fließt
– und bewirkt, daß sich einatmend die Bauchdecke hebt und ausatmend senkt.

Und mit jedem Ausatmen läßt es noch mehr Anspannung los, genießt die Ruhe, fühlt, daß es von der Erde getragen wird.

b) In der Seitenlage:

Das Kind liegt auf der Seite seiner Wahl. Letztendlich entscheidet das Kind über die Art und Weise, wie es liegen möchte und sich am wohlten fühlt. Es gibt aber auch eine „Idealkörperhaltung", die folgendermaßen aussieht: Angenommen, das Kind liegt auf der rechten Seite: Das lang ausgestreckte rechte Bein liegt unten. Das linke Bein wird so angewinkelt, daß es vor dem rechten Bein den Boden berührt. Auf diese Weise hat die gesamte rechte Körperseite und auch die rechte Hälfte der Körpervorderseite Bodenkontakt. Der rechte Arm liegt angewinkelt hinter dem Rücken. Der linke Arm egt angewinkelt so vor der Brust, daß das Kind seine rechte Wange auf den linken Handrücken egen kann, wenn es möchte, und nun erfolgt die „Reise durch den Körper" (siehe a). Sie beginnt wieder bei den Füßen und verläuft über die Beine, das Becken, die rechte Seite zu en Schultern, Händen und Armen, zur Mitte es Körpers, zum Bauch zurück.

Und wieder werden einatmend bestimmte Muskelgruppen angespannt und ausatmend entspannt.

Wenn Sie diese „Reise durch den Körper" Ihrem Kind oder Ihrer Kindergruppe anbieten, so sollten Sie anfangs die jeweiligen Muskelgruppen anspannen und entspannen, ohne dies mit dem Atem zu verbinden. Auf diese Weise wird eine Fehlatmung vermieden, und die Kinder haben die Möglichkeit, sich diese Übung Schritt für Schritt zu erarbeiten. Später stellt sich mit dem Lösungs- und Entspannungsvorgang der Muskulatur auch das Ausatmen von ganz allein ein.

Achten Sie darauf, daß Sie die Anweisungen ruhig und leise geben.

Die bewußte Muskelentspannung erlaubt ein gezieltes Entspannen bestimmter Körperregionen und Muskelgruppen. Tatsächlich wirkt sich schon die Entspannung eines Körperteils positiv auf den ganzen Körper und die Welt der Gefühle aus. Dabei werden die Muskeln nicht völlig entspannt, da immer eine gewisse Restspannung zurückbleibt. Dennoch bekommt das Kind ein Gefühl dafür, daß es sich gezielt entspannen kann und wie sich sein Körper anfühlt, wenn er entspannt ist. Muskelblockaden, die häufig auf seelischen Ursachen und Streß beruhen, werden aufgelöst. Bewußte Entspannungsübungen wirken sich auf das zentrale und das vegetative Nervensystem sehr wohltuend aus.

Der bewußte Entspannungsvorgang der Muskeln im Körper stellt sich nach einiger Übung immer rascher ein.

Die „Reise durch den Körper" in der Seitenlage gibt manchem Kind ein stärkeres Gefühl von Sicherheit und Schutz. Und dieses Grundgefühl gestattet ihm, sich überhaupt entspannen zu können.

Die „kleinen Meister" in diesem Buch heißen:
Dominik (5 Jahre) · Benedikt (6 Jahre)
Tina (7 Jahre) · Corinna (5 Jahre)
Lea (7 Jahre) · Natali (6 Jahre)
Raffael (9 Jahre)

4 5 6 7   98 97 96

© 1994 Ravensburger Buchverlag
Alle Rechte, auch die des auszugsweisen Nachdrucks,
der fotomechanischen Wiedergabe
und der Übersetzung vorbehalten
Layout und Illustrationen: Doris Rübel
Umschlagfoto: Ursula Markus
Redaktion: Elke Dannecker
Printed in Germany
ISBN 3-473-41082-9